本书得到重庆市博士后科研项目特别资助
"金融全球化下我国资本市场系统稳定性的监测研究"
（项目编号：Xm2016093）的支持

交易所交易基金的
市场影响与风险管理研究

陈志英○著

西南财经大学出版社
Southwestern University of Finance & Economics Press

中国·成都

图书在版编目(CIP)数据

交易所交易基金的市场影响与风险管理研究/陈志英著 . —成都:西南财经
大学出版社,2016. 12
ISBN 978 - 7 - 5504 - 2765 - 5

Ⅰ.①交…　Ⅱ.①陈…　Ⅲ.①证券交易所—基金—研究—中国
Ⅳ.①F832. 5

中国版本图书馆 CIP 数据核字(2016)第 306063 号

交易所交易基金的市场影响与风险管理研究

陈志英　著

责任编辑:张明星
责任校对:袁　婷
封面设计:何东琳设计工作室
责任印制:封俊川

出版发行	西南财经大学出版社(四川省成都市光华村街55号)
网　址	http://www. bookcj. com
电子邮件	bookcj@ foxmail. com
邮政编码	610074
电　话	028 - 87353785　87352368
照　排	四川胜翔数码印务设计有限公司
印　刷	四川五洲彩印有限责任公司
成品尺寸	165mm×230mm
印　张	11
字　数	200 千字
版　次	2016 年 12 月第 1 版
印　次	2016 年 12 月第 1 次印刷
书　号	ISBN 978 - 7 - 5504 - 2765 - 5
定　价	68. 00 元

目 录

1 绪论

1.1 研究背景与研究意义

ETF（Exchange-Traded Fund）即交易型开放式指数基金，又称交易所交易基金，是一种采用被动管理方式复制或跟踪某一市场指数并且在证券交易所上市交易的创新型金融工具。ETF 是一种指数投资工具，是通过复制标的指数来构建跟踪指数变化的组合证券，使得投资者通过买卖一种产品就可实现一揽子证券的交易。全球第一只真正意义上的 ETF 是 1993 年美国道富环球投资推出的标准普尔存托凭证（Standard & Poor Depositary Receipt，SPDR）。SPDR 甫一推出，就获得巨大的成功，至今它仍是世界上最受欢迎的 ETF 产品之一。此后，全球 ETF 市场发展进入快车道。根据咨询公司 ETFGI 的数据，截至 2015 年 12 月，全球 ETF 资产规模接近 3 万亿美元，约为 2001 年全球资产规模的 30 倍（2001 年全球 ETF 资产规模仅为 0.1 万亿美元），其中，美国 ETF 市场规模高达 2 万亿美元，欧洲 ETF 市场规模超过 5 000 亿美元，日本 ETF 市场规模接近 2 000 亿美元；目前，共有超过 4 430 只 ETF 在全球 64 个交易所交易，ETF 基金管理公司共有 279 家[①]。2015 年全球 ETF 市场净现金流流入为 372 万亿美元，其中股票型 ETF 的净现金流流入最大，约为 258 万亿美元；固定收益类 ETF 净现金流流入为 81.5 万亿美元，商

---

① ETFGI. ETFGI Monthly Newsletter [EB/OL]. [2015-07-11]. http://d1xhgr640tdb4k. cloudfront.net/552fc41fd719adfe5d000051/1436613461/etfgi_newsletter_global_201506.pdf.

品类 ETF 净现金流流入约为 2.4 万亿美元。

与开放式指数基金和封闭式基金相比，ETF 具有可日内交易、交易成本低廉、交易透明、交易便利等优势；与指数期货相比，ETF 的优势在于交易方式类似股票、无保证金、合理的投资规模和投资类型广泛等。因此，随着 ETF 产品种类的丰富和市场规模的扩大，ETF 逐渐成为各国投资者进行资产配置或全球化资产配置的主要金融投资工具。ETFGI 对 2015 年全球 ETF 市场的交易记录数据的分析显示：2015 年越来越多的投资者使用 ETF 进行更多样化的投资；越来越多的普通个人投资者通过智能投资顾问（Robot-Advisors）方式利用 ETF 进行指数化投资；机构投资者增加了 ETF 配置；聪明贝塔策略指数和主动 ETF 将吸引更多投资者。

作为近年来全球金融市场上增长最快的产品，ETF 在市场上备受瞩目，然而，目前学术界对 ETF 的研究特别是实证研究还比较缺乏。这一方面与 ETF 发展历史较短、实证数据缺乏有关；另一方面也与 ETF 本身的特性有关，比如兼具开放式基金和封闭式基金的特点，使部分开放式基金和封闭式基金的结论同样适用于 ETF。ETF 又具有指数类金融衍生品（如股指期货）的特性，使 ETF 与股指期货存在某种程度上的可替代性，因此股指期货的一些研究亦可套用在 ETF 上。然而 ETF 本身又独具特性，如独特的申购赎回机制和套利机制等，这使得对 ETF 进行单独研究显得尤为重要。

我国第一只 ETF——上证 50ETF，于 2005 上市交易。经过 10 年的发展，截至 2015 年 12 月，沪深两市共有 124 只 ETF，规模达 2 200 多亿元，追踪的标的指数涵盖全市场股票指数、行业股票指数、债券指数、商品指数、境外股票指数等。ETF 已成为我国投资者进行指数化投资的主要金融工具。2015 年 2 月 9 日上证 50ETF 期权上市交易，正式开启我国金融市场期权时代，更是基于 ETF 的衍生产品的一大创新。然而，目前对我国 ETF 市场的研究主要集中于某些 ETF，如上证50ETF、沪深 300ETF 的价格发现功能，ETF 与期货的领先滞后关系，ETF 的追踪误差等。那么，目前我国 ETF 市场运行状态如何？是否具有很好的定价效率？ETF 是否替代了传统的指数基金？我国 ETF 整体市场的价格发现功能发挥如何？ETF 交易是否加剧了现货市场成份股的波动性和相关性？是否提高了现货市场的流动性？越来越多的指数化交易真的分散风险了吗？ETF 市场快速发展的系统性隐忧有哪些？基于 ETF 的衍生产品的系统性风险有哪些？ETF 对金融市场稳定性的影响有哪些？

回答这些问题成了本书研究的主要目的。虽然 ETF 并不是真正意义上的金融衍生品，但它具有金融衍生品的特性。对 ETF 市场运行效率的分析，有利于我们正确认识当前我国 ETF 市场的运行状况。衍生品交易对金融市场波动性、流动性的影响及金融市场中的风险状况都直接关系到金融市场的效率和稳定性，因此，正确衡量和评价 ETF 交易对我国市场的波动性、流动性的影响，以及背后潜在的风险，有利于我们正确认识指数化交易对金融市场的影响，从而全面推进和落实宏观审慎监管，确保金融市场稳定和健康发展。

本书立足于我国 ETF 市场发展现状，基于大量的实证研究，通过研究我国 ETF 市场的运行效率，并与开放式指数基金相比较，检验我国 ETF 市场功能；通过对 ETF 套利机制的分析，研究 ETF 的价格发现功能、波动溢出效应、信息定价效率，分析指数类衍生品交易对现货市场效率和稳定性的影响；通过理论模型和大量的数据分析，研究指数化交易对市场的影响和基于 ETF 的创新产品背后潜在的系统性风险及其对金融市场稳定性的影响。本书将系统地研究 ETF 与现货市场之间的关系，以及 ETF 交易对金融市场稳定性的影响，为恰当地设计产品和交易机制提供经验证据，为监管部门进行产品监管提供参考，从而进一步稳定 ETF 市场，促进其发展。

1.2　国内外文献综述

1.2.1　国外研究评述

ETF 的巨大成功吸引了大量学者的关注。目前国外学者对 ETF 的研究主要集中在 ETF 的定价效率、ETF 的跟踪能力及业绩表现、ETF 交易对相关市场的影响、ETF 对金融市场稳定性的影响及其他方面。

（1）ETF 的定价效率

ETF 作为一种特殊的开放式基金，兼具开放式基金和封闭式基金的特点，既可以像开放式基金一样在一级市场上申购赎回，又可以像封闭式基金一样在二级市场上进行实时交易、买卖 ETF 份额。因此，ETF 具有类似于开放式基金的一级市场和类似于封闭式基金的二级市场；相应地，ETF 具有一级市场的实时净值和二级市场的实时交易价格。当 ETF 二级市场价格高于一级市场净值时，称之为溢价，反之称为折价。ETF 的定价效率是指 ETF 的二级市场价格与一级市场基金净值的接近程度，以及价格与净值差异消失的快慢程度。通常用折溢价来衡量 ETF 的定价效率（Ackert & Tian，2000）。

ETF 的折溢价程度越高，ETF 市场的定价效率就越低，此时套利者可以利用 ETF 市场定价失衡进行套利以获取收益。ETF 独特的申购赎回机制保证了 ETF 套利交易的顺利进行。当 ETF 价格高于其净值时（ETF 溢价），套利者通过买入一揽子股票，在一级市场上用这一揽子股票申购 ETF，并在二级市场上卖出 ETF，从中获利；当 ETF 价格低于其净值时（ETF 折价），套利者在二级市场买入 ETF，在一级市场上赎回 ETF 得到一揽子股票，卖出这一揽子股票，从中获利。这种套利行为有助于 ETF 一级市场基金净值和二级市场交易价格趋于一致。因此，关于 ETF 定价效率的研究都是从 ETF 套利行为的角度出发进行分析的。Ackert 和 Tian（2000）、Engle 等（2002）研究了美国跟踪 S&P 500 指数的 SPDR 的定价效率，发现并不存在统计意义上显著的折溢价率。Engle 等（2002）发现套利者利用 SPDR 的价格和净值偏差进行套利，并且折溢价一天以后会消失。Hughen（2003）探讨了 iShares 马来西亚基金套利机制的变化对折溢价造成的影响，研究发现在暂停套利机制期间，这种国际型 ETF 具有较大的折溢价水平。Curcio 等（2004）对比了 SPDR 和 QQQ（跟踪纳斯达克 100 指数的 ETF）的折溢价水平，发现这两种 ETF 的折溢价都比较小，但是 QQQ 折溢价率的标准差高于 SPDR 的标准差。Gallagher 和 Segara（2006）研究了澳大利亚证券交易所（ASX）ETF 的折溢价情况，发现 ETF 的折溢价较小且在一天之内消失，这表明澳大利亚证券交易所的 ETF 平均而言具有定价效率。Lin 等（2006）发现 TTT（跟踪 Taiwan Top 50 的 ETF）具有定价效率。

学者们的实证研究表明，跨国型或跨境 ETF 的折溢价远远高于国内型 ETF，这与跨国型 ETF 和基础资产交易不同步、净值延迟导致套利不顺畅等因素相关。Engle 和 Sarkar（2006）研究了 16 只跟踪国际指数的跨国型 ETF，发现跨国型 ETF 的平均折溢价比美国国内型 ETF 的平均折溢价高出许多；而且，跨国型 ETF 的折溢价持续时间更长。Delcoure 和 Zhong（2007）使用期限更长的样本，计算了 20 只 iShares 系列 ETF 的折溢价率，使用 Goetzmann 等（2001）、Engle 和 Sarkar（2006）的方法对非同步的净值进行了修正，但仍然发现这 20 只 iShares 系列 ETF 存在显著溢价，且在控制了交易成本等因素后，溢价率达到 10%～50%，这意味着 iShares 存在套利限制，其定价缺乏效率。Ackert 和 Tian（2008）对比了 2002 年至 2005 年 21 只跨国型 ETF 和 8 只本国 ETF，得到相似的结论。Ackert 和 Tian（2008）还发现，跟踪新兴市场指数的 ETF 比跟踪发达市场指数的 ETF 具有更高的溢价，而且 ETF 的溢价具有显著的一阶序列自相关，他们认为，非同步交易造成的净值延迟是产生自相关的主要原因。Madura 和 Richie（2004）认为国际型 ETF 对极端市场波动更为敏感。但是，Tse 和 Martinez（2007）比较了 24 只 iShares 系列国际型 ETF 当日收益率的波动率和隔夜收益率的波动率，发现跟踪亚洲和欧洲市场的 ETF 的隔夜收益率的波动率大于当日收益率的波动率，而跟踪美国市场的则正好相反。Tse 和 Martinez（2007）认为，由于亚洲市场（还有部分欧洲市场）的交易时间与美国市场交易时间完全不重叠造成的公共信息披露延迟是造成波动率更大的主要原因。Levy 和 Lieberman（2012）基于 17 只国际型 ETF（9 只跟踪亚洲市场的 ETF 和 8 只跟踪欧洲市场的 ETF）的日内高频数据，研究这 17 只 ETF 在重叠交易时间和非重叠交易时间的定价。他们发现，在重叠交易时间，ETF 的净值即国外市场的收益率，而不是美国市场的收益率对 ETF 的收益有很大影响；而当国外市场闭市时，美国股票市场的收益率对 ETF 的收益有很大影响。他们的研究结论与非重叠交易时间投资者过度反应的假设相一致。

还有一些学者研究反向及杠杆 ETF 的定价效率。反向及杠杆型 ETF 是对传统 ETF 的一种创新，是通过运用股指期货、互换合约等杠杆投资工具，实现每日追踪目标指数收益的正向（反向）一定倍数（如 1.5 倍、2 倍甚至 3 倍）的交易型开放式指数基金。这类 ETF 一般不持有跟踪指数的成份股，通常使用现金申购赎回而不是一揽子股票申购赎回。Charupat 和 Miu（2012）计算了 15 只分别跟踪 S&P 500、Nasdaq 100、Russell 2000 指数的杠杆 ETF 的折溢价。他们发现，平均而言，这些

ETF 的折溢价都很小，都在交易成本和买差价差范围之内；而且，折溢价与基金特征有关，看多 ETF（Bull ETF）大多是折价交易，而看空 ETF（Bear ETF）大多是溢价交易；看多（空）ETF 的折溢价与所跟踪的指数收益率是负（正）相关。Charupat 和 Miu（2012）认为这与基金日度头寸的调整有关。Giese（2010）建立了一个一般的数学模型，用于研究杠杆及反向 ETF 的长期表现。

（2）ETF 的跟踪能力及业绩表现

通常用跟踪误差（Tracking Errors）来衡量 ETF 的跟踪能力。ETF 的跟踪误差是指 ETF 的净值收益率与所跟踪指数收益率的偏差，体现了 ETF 对基准指数的相对风险。跟踪误差是衡量 ETF 是否具有长期投资价值的一个重要指标。传统 ETF 投资组合的目标不是获取尽量高的收益，而是尽量减少投资组合与所跟踪指数之间的收益率之差，使二者最大限度地保持一致，即跟踪误差尽可能地小。学者们主要从以下三个方面研究 ETF 的跟踪误差及业绩表现：

跟踪误差因素的分析。交易成本和管理费用是影响 ETF 跟踪误差的主要因素，管理费用越高，交易成本越大，跟踪误差就越大，ETF 的绩效表现就越低于标的指数。尽管如此，管理费用并不是跟踪误差的唯一来源。Rompotis（2007）通过对 iShares 系列 ETF 的实证研究发现，跟踪误差和收益率的波动存在正相关关系。Elton（2002）发现 SPDR 的跟踪误差可由分红再投资解释。Frino 等（2004）对 S&P 500 指数基金的研究，得到相似的结论。ETF 的复制技术也会影响它的跟踪误差。Chu（2011）发现香港市场的 ETF 跟踪误差的大小与 ETF 的费用比率正相关，但跟踪误差的大小和规模负相关；大规模的 ETF 应具有较低的交易成本，由于规模经济的结果从而降低跟踪误差，同时费用率较高的基金将产生较高的跟踪误差。Charupat 和 Miu（2013）指出，采用完全复制的 ETF 的跟踪误差是最小的，但当指数成份股调整时，这可能会导致不可接受的交易成本，而部分复制的话，ETF 的交易成本比较低，但跟踪误差会比较大。因此，ETF 基金管理公司采用多种最优复制策略（Ganakgoz & Beasley，2008；Corielli & Marcellino，2006）。Shum 等（2006）研究权证交易对在香港上市的中国主题 ETF 的跟踪误差的影响，发现权证上市以后，中国主题 ETF 的跟踪误差会变大。

ETF 跟踪误差和业绩表现的研究。ETF 跟踪误差的计算方法与指数基金是一样的。Roll（1992）提出了度量指数基金跟踪误差的三种计算方法：绝对值法、标准差法、回归残差法，其中绝对值法、标准差法是目前最常用的方法。Rompotis（2005）利用 2001 年至 2002 年的数据比较了 ETF 和相对应的指数基金的绩效，两者十分接近。Harpera 等（2006）利用 1996 年至 2001 年的数据比较了 ETF 和封闭式基金的绩效，结果表明 ETF 战胜了封闭式基金。Agapova（2011）比较了普通指数基金和 ETF 的相互替代性，认为两者虽然可以相互替代，但指数基金不会被 ETF 完全替代，两者共存的原因可以由客户效应理论所解释。Deville（2006）也得出类似的结论：ETF 比封闭式基金有更大的优势，但相比指数共同基金，优势并不明显，ETF 在增强市场流动性和价格发现机制方面有重要的作用。Elton 等（2002）基于 1993 年至 1998 年的数据，发现 SPDR 能够超越 S&P 500 指数。Svetina（2010）分析了 584 只国内型、跨国型股票 ETF 以及固定收益 ETF 的跟踪误差。结果表明，ETF 在统计上并不能显著超越相应的指数基金。Johnson（2009）、Shin 和 Soydemir（2010）分析了 2004 年至 2007 年 20 只 iShares MSCI ETF 的跟踪误差，发现汇率变化是产生跟踪误差的重要影响因素。Blitz 和 Hujj（2012）发现，跟踪 MSCI 新兴市场指数的 ETF 的跟踪误差要高于跟踪发达国家指数的 ETF 的跟踪误差。Chelley 和 Park（2011）研究在伦敦股票交易所上市的 ETF 的日内交易特征，实证结果表明：与个股相比，ETF 具有更小的买卖差价和更低的信息不对称；ETF 的买卖价差和波动率在开盘时会升高。

还有一些学者研究除美国、欧洲以外的 ETF 的跟踪误差，如 Gallagher 和 Segara（2006）研究了澳大利亚国内 ETF，Lin 和 Chou（2006）研究台湾地区 ETF 市场，Prasanna（2012）研究印度 ETF 市场。另外一些学者研究杠杆及反向 ETF 的跟踪误差，如 Lu 等（2009）、Rompotis（2012）、Shum 和 Kang（2012）等学者的研究。

（3）ETF 交易对相关市场的影响

作为一种新型的金融创新产品，ETF 虽然形式上并不是真正的金融衍生品，但仍然具有金融衍生品的特性。目前很多学者探讨 ETF 对相关市场的影响，这一方面的研究又可分为 ETF 交易对跟踪指数成份股市场的影响以及 ETF 与跟踪同一指数的衍生品如股指期货、股指期权之间的关系研究。

ETF 上市交易对现货市场的影响。这类研究主要分析 ETF 上市交易对所跟踪指数以及指数成份股的影响，研究内容包括买卖价差、成交量、波动率、定价效率的变化以及 ETF 价格发现功能的实现，研究的理论基础来自 Subrahmanyam（1991）、Gorton 和 Pennacchi（1993）。指数衍生性商品是一揽子股票的组合，每种股票的流动性并不一致，流动性较低的股票无法将新信息立即反映在股价上，这使得现货股价指数也无法及时对新信息进行调整。因此，当市场上出现新信息时，投资者会偏好一揽子股票组合（如指数期货或 ETF）进行投机和套利。Subrahmanyam（1991）、Gorton 和 Pennacchi（1993）认为，如果理性投资者出于流动性需求进行交易的话，他们会优先选择股票组合类商品而不是单只股票，因为对于单只股票来说，交易双方信息不对称的程度更高，因此为实现交易而支付的成本更大。这从一定程度上削弱了流动性交易需求的合理性。与 Subrahmanyam（1991）、Gorton 和 Pennacchi（1993）等学者的观点不同，Fremault（1991）认为，一揽子股票组合（如 ETF）的交易方式提供了额外的套利途径，套利行为增加了标的股票的流动性和定价效率。

大量的研究探讨了 ETF 上市交易对现货市场的影响，但并没有得到一致的结论。Chu 等（1999）利用向量误差修正模型（VECM）探讨了 S&P 500 指数、S&P 500 指数 ETF 及 S&P 500 指数 ETF（SPDRs）这三个市场的价格发现功能。实证结果表明，ETF 市场最具有价格发现功能，SPDRs 次之，现货指数市场处在最后。Olienyk 等（1999）研究了 17 种 WEBS 基金、12 个封闭国家基金及 SPDRs 的价格关联性。实证结果表明它们之间皆有显著的长期相关性。Hasbrouck（2003）利用 VECM 模型考察了 ETF 对标的指数的价格发现功能。结果显示：在存在迷你 ETF 合约（E-mini）的市场中，ETF 对标的指数价格发现的贡献很小；而在不存在 E-mini 的市场中，ETF 对标的指数价格形成的贡献很大。唐婉岁（2003）利用协整检验、误差修正模型和冲击反应分析等方法探讨纳斯达克 100 的现货指数、指数期货以及 ETFs 三个市场间的价格发现关系。实证结果表明：所有模型都支持 ETF 相对于指数期货具有较好的价格发现能力，而现货与期货在价格发现能力上并没有明显差异。Chen 等（2016）对四个以 S&P 500 指数为标的的指数衍生品（指数 ETF、指数期权、SPDRs、SPDRs 期权）的价格发现功能进行研究。实证结果表明，在高波动时期，SPDRs 的价格发现能力超过 E-mini 指数 ETF，作者认为这与 SPDRs 机构投资者的增加以及算法交易和高频交易的快速发展有关。

Hegde 和 McDermott（2004）发现 ETF 提高了指数成份股的流动性。Richie 和 Madura（2007）得到相似的结论，即 Nasdaq 100 指数 ETF 上市交易以后，Nasdaq 100 指数成份股的价差缩小、交易量提高。还有一些类似的研究如 Yu（2005）和 De Winne 等（2011）的研究。另外一些研究支持了 Subrahmanyam（1991）、Gorton 和 Pennacchi（1993）的逆向选择假说。Van Ness 等（2004）发现 ETF 上市以后，道琼斯指数成份股的买卖价差扩大了，这是由于噪声交易者选择 ETF 交易造成的。Hamm（2014）对 32 只行业 ETF 和 31 只规模 ETF 的实证研究表明，噪声交易者更有可能选择更为分散的 ETF。

一些学者研究 ETF 对现货成份股波动的影响。Ben 等（2014）和 Krause 等（2014）认为，ETF 和一揽子股票的套利行为将 ETF 市场的流动性冲击传递到现货指数市场，从而使 ETF 交易增加了标的指数成份股的非基本面波动。更进一步地，Ben 等（2014）指出这种使成份股波动率增加的行为并不伴随着 ETF 价格发现能力的提高，这表明 ETF 交易增加了一揽子股票的噪声。Da 和 Shive（2013）发现，ETF 的套利行为将 ETF 市场的非基本面冲击传递到股票市场，从而造成了 ETF 所持有的一揽子股票收益率的联动。Israeli 等（2015）针对美国 ETF 市场的研究发现，ETF 持股比例的增加导致成份股的买卖价差增大、定价效率降低以及联动性增强。Lin 和 Chang（2005）的研究表明，台湾的 TTT ETF（跟踪 Taiwan Top 50 指数的 ETF）推出后，增加了标的指数市场的波动性，而且对指数中各行业的影响不尽相同。Cheng 和 Madhavan（2009）介绍了杠杆及反向 ETF 的产品结构，分析杠杆及反向 ETF 对市场流动性、波动性的影响。Trainor（2010）并未发现杠杆及反向 ETF 交易影响指数波动率的经验证据，但 Haryanto 等（2012）发现杠杆及反向 ETF 的再调整对样本股票具有显著影响。Krause 和 Lien（2014）指出，ETF 对成份股市场的波动溢出与 ETF 期权的交易量和成份股在 ETF 中的权重有关。

一些学者研究了 ETF 的推出是否提高了标的指数的定价效率。Ackert 和 Tian（2001）利用边界条件和买卖平价理论，探讨了 ETF 上市前后指数市场的定价效率。实证结果显示，在忽略交易成本和卖空限制的条件下，股票指数的实际价格和理论价格有很大的偏离，但在卖空条件的限制下则没有偏离。Boehmer（2003）、Erenburg 和 Tse（2001）发现 ETF 上市后降低了市场的交易成本，并提高了市场的交易效率。Yu（2003）利用多资产方差分解法研究了美国 ETF 在股票市场中的价格形成和信息效率功能。结果表明 ETF 的引入提高了标的成份股的定价效率。Bertone 等（2015）使用道琼斯工业平均指数 ETF 以及道琼斯工业平均指数的成份股的日内数据，发现 ETF 价格与净值显著偏离一价定律，而且折溢价与 ETF 和成份股的波动率、流动性及交易成本相关。Xu 和 Yin（2015）发现 ETF 的同期和滞后一期交易量与所跟踪指数的定价效率相关，ETF 的申购赎回份额与指数的定价效率也是正相关的。Glosten 等（2015）研究了 ETF 交易对标的证券定价效率的影响。结果表明 ETF 交易提高了小股票、不完美竞争市场的股票的信息效率，而且 ETF 交易提高了股票市场的联动性和同步性。然而，Israeli 等（2015）发现 ETF 持股规模的增长反而会降低指数成份股的定价效率。

还有一些实证研究表明，ETF 的推出能提高股指期货的定价效率。Park 和 Switzer（1995）、Switzer 等（2000）、Lu Marsden（2000）、Kurov 和 Laaser（2002）发现，ETF 推出后，股指期货的价格偏误明显下降，说明 SPDRs 的推出改善了市场效率。Chu 和 Hsieh（2002）通过考虑各种交易成本及现货市场的卖空限制，来检验 ETF 发行前后偏离均衡期货价格的次数及套利效率，实证结果显示，指数期货价格与 ETF 价格之间存在相当密切的联系。由于不受卖空限制，指数期货价格穿越理论价格下方区间的次数在上市后逐渐减少。另外，当交易者观察到套利机会而进行套利交易时，结果往往无法实现套利利润甚至会亏损。这表明当 S&P 500 指数期货与 SPDRs 的相对价格发生误差时，都能很快地调整过来。

（4）ETF 对金融市场稳定性的影响

在传统 ETF 市场规模不断膨胀的同时，ETF 产品结构日趋复杂，杠杆及反向杠杆 ETF、合成 ETF 等结构化 ETF 产品不断被创造出来，其对金融市场稳定性的潜在影响受到有关各方的关注。英国金融稳定局（FSB，2011）对 ETF 市场的快速发展对金融市场稳定性的影响表示担忧，并呼吁监管当局应当重视，并积极采取预防措施。Jarrow（2010）

总结了杠杆及反向 ETF 的风险。Ramaswamy（2011）分析了 ETF 的系统性风险以及 ETF 对金融市场稳定性影响的可能渠道。Meinhardt 等（2014）对比了传统 ETF（Physical ETF）和合成型 ETF（Synthetic ETF）的跟踪能力，并分析了潜在可能的风险。Bhattacharya 和 O'Hara（2016）从两个层面定义金融市场脆弱性：市场不稳定性和羊群行为，并建立市场微观结构模型，研究基础资产不流动的 ETF 对金融市场脆弱性的影响。模型结果表明：基础资产无法交易的 ETF 的上市交易会造成基础资产非基本面冲击的传染效应和市场投机者的羊群行为。

（5）其他研究

Kadapakkam 等（2015）研究了 ETF 市场的信息效率，结果表明 ETF 市场是有效的。Broman（2016）研究美国国内 ETF 折溢价的联动性，结果表明同一投资风格的 ETF 的超额联动性在统计上显著为正，这一结论证实了高流动性的 ETF 能够吸引相似投资风格的短期噪声交易者。Clifford 等（2014）利用 2001 年至 2010 年的 500 只 ETF 的交易数据，研究 ETF 现金净流入的影响因素。结果表明，与指数基金类似，ETF 投资者也是基金业绩追逐者，高交易量、低买卖价差、高折溢价率的 ETF 会吸引更多的资金流入。Martinez 等（2013）发现交易规模和指令流不平衡（Order Imbalance）是影响日本和中国 ETF 价格波动的主要因素。Broman 和 Shum（2015）发现 ETF 的流动性是周度和月度基金净现金流流入的主要决定因素，说明高流动性的 ETF 会吸引短期交易的投资者。Chiu 等（2012）利用指数和金融行业 ETF 数据，研究了次贷危机期间融资流动性和市场流动性之间的关系。结果表明，融资流动性的提高会促进股票市场流动性的提高。

1.2.2 国内研究评述

由于我国 ETF 市场起步较晚，早期对 ETF 的研究主要集中于国外 ETF 市场的经验介绍以及 ETF 的产品设计方面。陈春锋和陈伟忠（2002）、陈代云和须任荣（2002）、廖理和贾超锋（2003）介绍了 ETF 的产品结构以及 ETF 所具有的特性等，从多方面介绍了国外交易所交易基金市场创新的最新动态及其对我国的启示。刘俊和李媛（2002）探讨了我国发展 ETF 产品的可行性。沈宏伟和李丽珍（2004）比较了 ETF 与其他金融产品。汤弦（2005）探讨了 ETF 产品在中国市场的产品设计问题。

随着我国 ETF 市场的发展，一些学者开始对折溢价率和定价效率进行研究。陈家伟和田映华（2005）通过对 ETF 套利交易机制的分析，探讨了 ETF 跟踪误差产生的原因。李裕强和陈展（2007）研究了上证50ETF 的跟踪误差。结果表明上证 50ETF 基本能达到投资目标，但样本后期存在跟踪误差变大的风险。张铮等（2012）通过研究股票停牌、涨跌停期间 ETF 的定价效率，发现上证 50ETF 具有较高的定价效率。刘伟等（2009）基于华夏上证 50ETF 和华安上证 180ETF 二级市场的高频交易数据，分析了 ETF 跟踪标的指数的日内误差，研究了两只 ETF 实现无风险套利的市场冲击成本和时间成本。邹平和张文娟（2008）认为管理费和股利分配是造成上证 50ETF 跟踪误差的重要原因。张英奎等（2013）对上证 50ETF 的跟踪误差进行研究，发现上证 50ETF 的跟踪误差较高，ETF 基金费率在上证 50ETF 的跟踪误差中占的比重很小，跟踪误差更多地来源于复制产生的误差。李凤羽（2014）从投资者情绪视角解释 A 股市场 ETF 折溢价率现象。研究发现，A 股市场的投资者情绪与 ETF 折溢价率正相关。贾云赟（2015）分析了易方达深100 ETF 的折溢价波动水平及其影响因素，以及相关的套利策略。刘波等（2016）基于 12 只 ETF 申购、赎回和二级市场交易的专有账户级的明细数据，研究投资者结构对 ETF 定价效率的影响及其经济机理。研究结果发现，与个人投资者不同，机构投资者的参与度与竞争度能够有效提高 ETF 的定价效率，并且机构投资者对于 ETF 市场的这一正向作用依赖于其 ETF 市场参与经验的积累，并且在 ETF 信息不对称性较低时表现更强。

一些学者对我国 ETF 的套利机制进行了研究。俞光明（2013）以华夏上证 50ETF 与华泰柏瑞沪深 300ETF 这两个流动性非常好的 ETF 基金品种为例，通过对历史交易数据的统计分析，构建了一种适合中小投资者参与对冲套利交易的策略。付胜华等（2006）对上证 180 指数 ETF套利进行研究。2006 年 10 月沪深 300 指数期货开始仿真交易，2010 年4 月正式上市，中国资本市场开启了期货市场发展新纪元。这之后，大量的学者对股指期货与 ETF 之间的期现套利进行了研究。张敏和徐坚（2007）、张健和方兆本（2012）研究了基于 ETF 的股指期货套利。黄晓坤和侯金鸣（2009）研究了一种利用 ETF 类基金进行股指期货套利的方法。刘岚和马超群（2013）分析了 ETF 基金组合与沪深 300 指数期货合约的套利交易，研究了中国股指期货市场定价效率及投资者行为对定价效率的影响。

还有一些学者关注我国 ETF 产品价格功能的实现问题。金德环和丁振华（2005）采用多资产方差分解法分析上证 50ETF 对标的成份股的价格发现。结果表明 50ETF 在标的成份股的价格形成过程中贡献并不大。张宗新和丁振华（2006）从市场微观结构角度，运用交易成本假说、交易限制假说、市场信息假说对上证 50ETF 的价格发现功能进行深入剖析。实证结果显示，我国上证 50ETF 具有一定的价格发现功能。王良和冯涛（2010）以 5 只 ETF 产品为研究对象，对我国 ETF 基金的价格发现问题进行了研究，发现 ETF 基金净值在价格发现过程中信息份额相对最大，ETF 基金份额在中国 ETF 基金价格发现过程中具有较强的主导作用。肖倬和郭彦峰（2010）使用 5 分钟的高频数据，通过误差修正模型和方差分解等技术研究中小板 ETF 与其标的指数间的价格发现，发现在价格发现能力上，中小板 P 指数领先中小板 ETF。陈莹等（2014）采用信息份额模型和共因子模型研究了沪深 300 指数衍生证券的多市场交易对沪深 300 指数价格发现的影响。结果显示：股指 ETF 对价格发现贡献度最高；允许现金赎回的华泰柏瑞 ETF 基金的价格发现贡献度高于实物赎回的嘉实 ETF 基金。郭彦峰和肖倬（2009）研究了中国黄金市场现货、美国黄金市场期货、美国黄金市场 ETF 三者间的关系，发现美国黄金市场 ETF 和期货在价格发现过程中居主导地位。

另外一些学者探讨了 ETF 交易对现货市场波动性、流动性等的影响。王婧（2006）探讨了上证 50ETF 对上证 50 指数成份股的波动影响情况，实证结果表明，上证 50ETF 上市交易显著地提高了上证 50 成份股的波动性。张立和曾五一（2013）发现股票市场与 ETF 市场之间存在显著的双向波动溢出效应。郭彦峰等（2007）探讨了中小板 ETF 上市交易对市场质量的影响。研究结果发现：中小板 ETF 上市交易后，中小企业板市场的整体质量变好，即流动性增加、波动性减小、有效性提高。邓兴成等（2009）、蔡向辉（2012）从全球 ETF 发展趋势和未来方向的视角出发，关注全球 ETF 市场的快速发展和杠杆及反向 ETF、合成型 ETF 对金融市场稳定性的影响。

综上所述，我们发现，目前国外学界对 ETF 的研究比较全面，而我国学者对 ETF 的研究还不够系统、全面，大量的研究集中在 ETF 市场功能方面，研究样本大多是上证 50ETF、沪深 300ETF 等几个主要的 ETF，对我国 ETF 整体市场的研究还不够充分。我国 ETF 市场不断发展，我们有必要对我国 ETF 市场展开系统而详细的研究，这正是本书的出发点。

1.3　本书研究内容及结构安排

本书共分八章。

第一章是绪论，内容包括全书的研究背景及研究意义、国内外文献综述、主要的研究内容以及全书的结构安排等。

第二章是 ETF 简介，内容包括 ETF 的概念及特点，ETF 与封闭式和开放式基金的区别，ETF 的产品结构以及交易流程、套利策略等。

第三章介绍了全球 ETF 市场的发展现状及一些新的趋势。

第四章介绍了我国 ETF 市场的发展现状及未来发展方向，对绿色金融指数化产品发展及绿色金融 ETF 产品建设进行了专门的论述。

第五章是对我国 ETF 市场运行效率的分析，主要从四个方面进行探讨：我国 ETF 市场的定价效率、我国 ETF 的价格发现功能、我国股票型 ETF 与传统股票指数开放式基金之间的关系、ETF 净现金流流入的影响因素。

第六章分析了我国 ETF 市场与现货市场之间的关系，从 ETF 交易对现货市场的波动溢出、对现货成份股的联动性的影响两个方面进行实证分析。

第七章分析了 ETF 的潜在系统性风险，内容包括新型 ETF 产品的系统性风险、新型 ETF 对金融市场系统稳定性的潜在影响；最后构建理论模型，分析基础资产不流动的 ETF 与金融市场脆弱性之间的关联。

第八章是研究的主要结论与未来的研究展望。

2 ETF 概述

本章主要介绍 ETF 的基本概念、特点、分类，ETF 的产品结构与交易机制，ETF 的套利策略。

2.1 ETF 的定义

2.1.1 ETF 的概念及特点

ETF（Exchange-Traded Fund）即交易型开放式指数基金，又称交易所交易基金，是一种采用被动管理方式复制或跟踪某一市场指数并且在证券交易所上市交易的创新型金融工具。实际上，ETF 是一种指数投资工具，通过复制标的指数来构建跟踪指数变化的组合证券，使得投资者通过买卖一种产品就实现了一揽子证券的交易。作为一种新型的金融创新工具，ETF 吸取了开放式基金和封闭式基金的优点，同时避免了它们的不足，自身还存在诸多特点。

（1）被动式管理的指数基金

与一般股票型基金不同，ETF 的投资特点在于"复制指数"，采用被动式管理。在跟踪标的指数的股票种类和数量比例方面，大部分 ETF 使用的方法是抽样复制或完全复制。我国目前上市的 ETF 大部分采用完全复制的方法，完全按照标的指数的成份股构成及其权重构建基金投资组合，并随其变动进行相应调整。ETF 的管理和投资的重点不在于战胜指数，而在于追踪指数，以追求相对于标的指数的跟踪误差最小为投资目标。

(2) 采用实物申购赎回机制

一般开放式基金采用现金形式进行申购赎回，而大多数 ETF 采用一揽子证券进行申购和赎回。投资者必须以指定的一揽子证券在一级市场申购 ETF 份额或者赎回 ETF 份额得到相应的一揽子证券。这是 ETF 最核心的一个特点。对基金管理人而言，ETF 减少了用现金购买股票以及为应付赎回卖出股票的环节，节省了交易费用。由于不用准备现金应对赎回，减少了现金拖累，从而进一步缩小了跟踪误差。

(3) 独特的双重交易机制

ETF 兼具开放式基金和封闭式基金的特点，即 ETF 可以像开放式基金一样，向基金管理公司申购或赎回基金份额，又可以像封闭式基金一样在二级市场上按市场价格买卖 ETF 份额。由于同时存在一级市场的申购赎回机制和二级市场的交易机制，投资者可以在 ETF 二级市场交易价格与一级市场基金净值之间存在差价时进行套利。当 ETF 价格高于其净值时（溢价），投资者可以买入一揽子股票，在一级市场上用这一揽子股票申购 ETF，并在二级市场上卖出 ETF 以实现套利交易；当 ETF 价格低于其净值时（折价），投资者可以在二级市场买入 ETF，在一级市场上赎回 ETF 得到一揽子股票，并卖出这一揽子股票以实现套利。套利机制的存在，使 ETF 避免了封闭式基金普遍存在的折价问题。

(4) 投资透明

ETF 根据标的指数来构建投资组合，其资产中所持有的股票成份、权重情况在每日申购或赎回清单中都被充分地披露，日间也实时公布份额净值。因此，投资者可以清楚地了解 ETF 所包含的一揽子股票的构成。而一般的开放式基金和封闭式基金不需要每日披露基金的资产组合情况，只需要每季度或每半年公布一次组合；每天或每周公布一次净值。因此，ETF 资产组合具有很高的透明度。

(5) 交易成本低廉

与其他基金相比，ETF 的交易费用相对低廉。一般情况下，ETF 基金的管理费率为 0.5%，托管费率为 0.1%，没有申购或赎回费用。在二级市场交易时，ETF 只收取不超过股票交易的佣金，不收印花税，所获得的基金分红和差价收入也免缴分红所得税。

表 2.1 归纳了 ETF 与开放式基金、封闭式基金的异同。

表 2.1　　　　　　ETF 与开放式基金、封闭式基金的异同

	封闭式指数基金	开放式指数基金	ETF
跟踪偏度	较小	较小	最小
组合透明度	每季度公告前十大重仓股	每季度公告前十大重仓股	每日公告投资组合
管理费用	1.25%	0.5%~1%	0.5%
交易便利	二级市场交易	一级市场申购、赎回，按当日基金净值交易	既可在一级市场申购、赎回，也可在二级市场交易
资金效率	T 日交易；T+1 日交收	申购 T+2 日后可赎回，赎回后最早 T+3 日到账	一般而言投资效率高于开放式指数基金
交易成本	较低，手续费 ≤0.3%	较高，申购费率 1.5%；赎回费率 0.5%	较低，手续费≤0.3%
资金门槛	较低，1 手 100 份	较低，申购起点 1 000 份	二级市场较低，1 手 100 份；一级市场较高，通常 100 万~300 万份
交易价格	通常折价	基金单位净值	市场价格与基金净值基本一致
投资策略	指数投资	指数投资	指数投资，T+0 操作，事件套利，折溢价差套利，短期卖空，其他

2.1.2　ETF 的分类

ETF 使直接买卖指数成为现实，本身又兼具交易费用低廉、投资透明、交易便捷等优势，近年来成为全球金融市场最受瞩目的创新投资工具。2000 年以来，ETF 产品创新速度加快，在产品数量和资产规模持续增长的同时，产品类别逐渐多样化，整个 ETF 市场呈现百花齐放的景象。

按照投资标的进行分类，ETF 可以分为股票型 ETF、债券型 ETF、商品 ETF、货币 ETF、外汇 ETF 等。股票型 ETF 是跟踪某一股票指数的 ETF，根据所跟踪的指数的类别又可以分为宽基指数 ETF 或规模指数 ETF、行业指数 ETF、主题指数 ETF、风格指数 ETF、跨境指数 ETF 等。债券型 ETF 是以债券类指数为跟踪标的的交易型证券投资基金。商品

ETF 一般可分为实物支持 ETF 与非实物支持 ETF 两类。实物支持 ETF 直接持有实物资产，主要用于贵金属领域；非实物支持 ETF 主要投资于大宗商品期货等金融衍生品，主要覆盖工业金属、能源、农产品等资产类型。目前全球主要的商品 ETF 有石油 ETF、黄金 ETF 和白银 ETF。货币 ETF 就是可以交易的货币基金，其核心功能是对场内投资者的保证金余额的管理。目前，我国所有的货币 ETF 均施行 "T+0" 回转交易，日均成交金额已远超沪深两市所有个股，成为交易所流动性最好的品种。外汇 ETF 是以追踪单一外汇或一揽子外汇的汇率变动为目标的 ETF，通过持有外汇现货、期货或期权等衍生工具来建立外汇头寸。

　　根据投资市场的不同，ETF 还可以分为单市场 ETF、跨市场 ETF 和跨境 ETF。单市场 ETF 是指以单一市场指数为跟踪标的的 ETF，如跟踪上证 50 指数的上证 50ETF。跨市场 ETF 是指以跨市场指数为跟踪标的的 ETF，如跟踪沪深 300 指数的华泰柏瑞沪深 300ETF。跨境 ETF 是指以境外资本市场证券构成的境外市场指数为跟踪标的的 ETF，如跟踪美国纳斯达克 100 指数的国泰纳指 100ETF、跟踪香港恒生指数的易方达恒生 ETF。

　　根据运作方式的不同，ETF 还可以分为杠杆 ETF、反向杠杆 ETF、分级 ETF、合成 ETF、聪明贝塔 ETF（Smart Beta ETF）。反向及杠杆 ETF（Inverse and Leveraged ETFs）是近年来境外 ETF 市场发展中的重大创新。它的特点在于运用杠杆投资技术（如股指期货、互换合约等）实现每日对目标指数收益的正向或反向的一定倍数的追踪，从而能够在指数上涨时放大收益，或者在指数下跌时获得正向收益。杠杆 ETF（Leveraged ETF），又称做多或看多 ETF（Bull ETF），是通过运用股指期货、互换合约等杠杆投资工具，实现每日追踪目标指数收益的正向一定倍数（如 1.5 倍、2 倍甚至 3 倍）的交易型开放式指数基金。当目标指数收益变化 1% 时，基金净值变化可以达到合同约定的 1.5%、2% 或 3%。当杠杆倍数为 1 倍时，杠杆 ETF 实际上就相当于传统 ETF。反向 ETF（Inverse ETF），又称做空 ETF 或看空 ETF（Short ETF 或 Bear ETF），是通过运用股指期货、互换合约等杠杆投资工具，实现每日追踪目标指数收益的反向一定倍数（如 -1 倍、-2 倍甚至 -3 倍）的交易型开放式指数基金。当目标指数收益变化 1% 时，基金净值变化达到合同约定的 -1%、-2% 或 -3%。分级 ETF 是一类创新型的 ETF 产品，不仅具备分级基金各份额间的收益分配机制，也沿袭 ETF 实时申赎的高效性。与杠杆 ETF 不同，分级 ETF 是通过引入资产的结构化分配来实现分级特征，一个基金同时包括做多份额和做空份额。合成 ETF（Synthetic ETF）并不实际持有相关资产，而是通过投资与基准指数汇报挂钩的金融衍生工具来拟合指数收益。合成 ETF 的投资通常采取非融资性互换（Unfunded Swap）、融资互换（Funded Swap）两种形式。聪明贝塔 ETF 是一类通过改变指数的市值加权方式，以基于规则或量化的方法，增加指数在某些风险因子上的暴露，从而获得相应超额收益的 ETF，是近年全球 ETF 市场上最为炙手可热的一类交易所交易产品。

表 2.2 归纳了 ETF 的分类。目前我国市场上暂时没有杠杆 ETF、反向杠杆 ETF 和分级 ETF 品种。

表 2.2　　　　　　　　　　ETF 的分类

根据投资标的的不同	股票型 ETF（宽基 ETF、行业 ETF、风格 ETF、主题 ETF） 债券型 ETF 商品 ETF（石油 ETF、黄金 ETF、白银 ETF） 货币 ETF 外汇 ETF
根据投资市场的不同	单市场 ETF、跨市场 ETF、跨境 ETF
根据运作方式的不同	杠杆 ETF、反向杠杆 ETF、分级 ETF、合成 ETF、聪明贝塔 ETF

2.2　ETF 的交易机制

ETF 兼具开放式基金和封闭式基金的特点，在实践中，ETF 交易市场有一级市场和二级市场。具体来说，在 ETF 产品上市之前，投资者首先可以在首次募集期间认购；产品上市以后，投资者可以在一级市场通过一揽子证券组合（或有少量现金）申购 ETF 份额，或以 ETF 份额赎回一揽子股票（或有少量现金）；同时，投资者还可以在二级市场上像买卖股票一样买卖 ETF 份额。

图 2.1 给出了 ETF 一级市场和二级市场的交易方式图。ETF 一级市场的申购赎回机制不同于其他开放式基金。ETF 多采用实物申购赎回机制，即投资者根据基金管理人在开盘前发布的申赎清单用组合证券进行申购或赎回。在部分成份股因流动性不佳或停牌而无法从二级市场购入的情况下，可用现金替代。此外，由于现金头寸等其他形式资产的存在，ETF 投资组合与一揽子成份股市值及现金替代部分存在少量差异，所以申赎清单除了组合证券和现金替代部分外，还包括少量的现金差额部分。此外，ETF 在一级市场的交易有最低申购赎回单位的限制，每只ETF 的最小申购赎回单位可能不尽相同，通常 ETF 的最小申购赎回单位为 100 万份。由于 ETF 最小的申购赎回单位金额都比较大，所以一般情况下只有机构投资者或者资产规模较大的个人投资者才能参与 ETF 的一级市场申购与赎回。

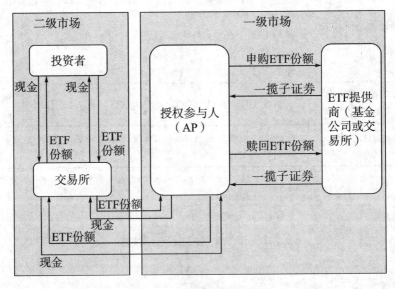

图 2.1 ETF 的交易方式图

普通投资者参与 ETF 交易最便捷的方式是在二级市场上像买卖股票一样买卖 ETF 份额。ETF 交易的佣金不高于股票，且不缴纳印花税，因此投资者的买卖成本比买卖股票更低。除债券交易型开放式基金、黄金交易型开放式基金、上市交易的货币市场基金、跨境交易型开放式基金以外，大多数 ETF 份额的二级市场交易与股票的交易方式完全相同，即 T 日买入份额在 T+1 日开盘后才可以卖出，T 日不能卖出；T 日卖出份额所得资金可用于其他场内证券的买入，但只有到 T+1 日开盘后才可以从资金账户中转出。2015 年 1 月 9 日，深交所发布关于修改《深圳证券交易所交易规则》的通知，上交所发布关于修改《上海证券交易所交易规则》的通知，对债券交易型开放式基金、黄金交易型开放式基金、上市交易的货币市场基金、跨境交易型开放式基金自 2015 年 1 月 19 日开始实行当日回转交易，即"T+0"交易。

沪深两市目前对两市 ETF 的申购赎回机制是一致的，即所有的单市场 ETF 均无法实现日内买卖和申赎①，但根据上述规则，投资者可以变相实现成份股的"T+0"交易。例如：投资者可以当日在二级市场买入成份股，然后立即申购 ETF 份额，确认后将 ETF 份额在二级市场卖出；或者当日在二级市场买入 ETF 份额，确认后立即申请赎回得到成份股，然后将成份股卖出。

图 2.1 中的一级交易商（Authorized Participant，AP）又称授权参与人，相当于做市商，即证券公司以自有资金或证券，不断地向其他交易者同时报出证券的买入价和卖出价，并在报价价位上接受买卖要求，保证及时成交。境外 ETF 只有授权参与人才能申购或赎回，其他投资者不能申购或赎回。

2.3　ETF 的交易策略

（1）折溢价套利

ETF 既可以在一级市场上申购、赎回，又可以在二级市场上交易买卖，因此 ETF 具有实时净值和实时交易价格。根据一价定律，ETF 在一级市场和二级市场上的价格应该相等。但是，在实际交易中，由于供求关系等原因，ETF 的价格并不等于 ETF 的净值。当这两者存在偏差时，

---

① 目前沪深两市均规定：当日申购的 ETF 基金份额，同日可以卖出，但不得赎回；当日买入的基金份额，同日可以赎回，但不得卖出。

市场上就存在套利机会。其中 IOPV（Indicative Optimized Portfolio Value）是 ETF 的基金份额参考净值，投资者可以根据基金合同或者招募说明书中的计算方法及基金管理人在每个交易日提供的申购赎回清单，按照清单内组合证券的最新成交价格计算，作为 ETF 基金份额净值的估计。ETF 的 IOPV 每 15 秒计算并公告一次，作为对 ETF 基金份额净值的估计，是盘中动态的 ETF 净值。

在交易时段，当 ETF 价格高于 IOPV 时（ETF 溢价），套利者通过买入一揽子股票，在一级市场上用这一揽子股票申购 ETF，并在二级市场上卖出 ETF，从中获利；当 ETF 价格低于 IOPV 时（ETF 折价），套利者在二级市场买入 ETF，在一级市场上赎回 ETF 得到一揽子股票，卖出这一揽子股票，从中获利。根据上海证券交易所发布的《上海证券交易所交易型开放式指数基金业务实施细则》第 22 条规定，允许 ETF 在一级、二级市场之间实现变现的"T+0"交易，且一天之内不会有次数限制，该交易机制设计为 ETF 的套利实现提供了保证。

ETF 折溢价套利涉及一揽子股票的买卖、ETF 份额的申购赎回以及 ETF 买卖等大量操作。套利者还必须考虑套利的交易成本，包括变动成本、冲击成本和等待成本。只有 ETF 的折溢价率超过套利者的套利成本，套利才有可能成为一种有利可图的投资。

（2）事件套利

股票型 ETF 每日公布的申赎清单会包含所跟踪指数的全部或部分成份股，而与这些成份股相关的公司事件便有可能给投资者带来套利机会。

公司事件主要包括重大事件公告，如增发、配股、并购和早年的股改等。公司事件套利主要针对停牌股，即在成份股因公告、股改、增发等事件停牌期间，投资者预估其价格复牌后会有大幅涨跌的可能。在 ETF 二级市场还没有充分反映其复牌后价格预期之前，投资者可以进行溢价或折价套利操作，获取套利收益。在实际操作中，事件套利包括以下两种模式：

一是预估成份股复牌后会有较大幅度上涨，通过 ETF 折价套利买入停牌股。投资者首先在二级市场上买入 ETF 份额，申请赎回，得到一揽子股票组合后，按市价将除停牌以外的其他股票卖出，留下停牌股。

二是预估成份股复牌后会有较大幅度下降，通过 ETF 溢价套利卖空停牌股。投资者在二级市场上买入除停牌股以外的其他股票，利用现金代替方式将上述股票组合连同停牌股现金申购 ETF 份额，然后在二级市场上卖出 ETF。

事件套利成功与否主要取决于 ETF 管理人对于停牌股票的处理方式，在必须使用现金替代模式下该套利模式不具备可操作性。

（3）期现套利

ETF 期现套利是指当股指期货价格和现货价格出现偏离时，利用 ETF 组合来尽可能复制现货指数，实现期货和现货之间的基差收益。期现套利的基本思路是：当股指期货和 ETF 组合构成的现货出现较大的偏离时，如果在考虑套利成本的情形下仍然存在一定的折价或溢出，投资者可以通过买入价值较低的资产的同时卖出价值较高的资产，从而获取阿尔法收益。期货套利又分为正向套利和反向套利。反向套利是指当股指期货出现贴水时，投资者卖出指数现货即 ETF 同时买入股指期货；正向套利是指当股指期货出现升水时，投资者买入指数现货同时卖出股指期货。不管是正向套利还是反向套利，实施期现套利之前首先要明确套利成本，套利成本等于交易成本和跟踪误差之和。

3 全球 ETF 市场发展概况

3.1 全球 ETF 市场发展现状

1990 年，加拿大多伦多证券交易所（TSE）推出了指数参与份额（TIPs），这被视为最早的 ETF，但该产品已于 2000 年终止上市。1993 年，道富环球投资（State Street Global Advisors）与美国证券交易所合作，推出了标准普尔存托凭证（Standard & Poor Depositary Receipt, SP-DR），这是全球第一只真正意义上的跟踪 S&P 500 指数的 ETF，至今它仍是世界上最受欢迎的 ETF 产品之一。1999 年成立的香港盈富基金（The Hong Kong Tracker Fund）是亚洲最早的 ETF 产品。欧洲的第一只 ETF 是 2001 年成立的欧洲斯托克 50 指数 ETF（Euro Stoxx 50）。此后，ETF 在全球范围内发展迅猛。截至 2015 年 12 月，经过短短 22 年的发展，全球 ETP（交易所交易产品）已经超过 6 100 只，其中 ETF 产品数量超过 4 430 只，占 ETP 市场近 8 成。全球 ETF 资产规模从 2001 年的 0.1 万亿美元增长到 2015 年的 2.8 万亿美元，10 年平均复合增长率为 25.1%，成为全球金融市场上增长最快的产品。从 2006 年开始，全球 ETF 市场进入高速发展期，ETF 发行速度较之前大大提高，ETF 产品数量直线上升，资产规模迅速扩大。2008 年，受次贷危机影响，ETF 资产有所下降，但第二年全球 ETF 市场出现爆发式增长，大幅高于金融危机前的水平。而从数量来看，全球 ETF 始终保持正增长，显示出强劲的生命力。全球 ETF 发展趋势如图 3.1 所示。

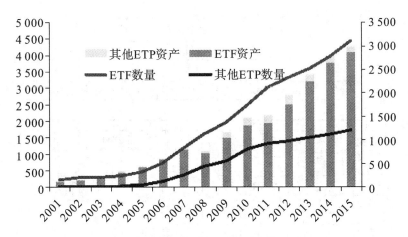

图 3.1 全球 ETF 发展趋势

数据来源: ETFGI. ETFGI Monthly Newsletter［EB/OL］.［2015-07-11］. http://d1xhgr640 tdb4k.cloudfront.net/552fc41fd719adfe5d000051/1436613461/etfgi_newsletter_global_201506.pdf.; 其他 ETP 是指不包括 ETF 的 ETP 产品.

放眼全球,在经济整体陷于疲态的情况下,全球 ETF 产品规模继续维持稳定增长态势,2016 年以来增长了约 5%,ETF 产品规模首次突破了 3 万亿美元,亚洲地区的 ETF 产品规模也创造历史新高,达到了 3 010 亿美元,增长超过了 20%,其中杠杆 ETF、高股息 ETF 等产品表现尤为抢眼。

经过 20 多年的发展,ETF 已经成为产品种类繁多的"大家族"。目前 ETF 的标的资产已经由传统的股票拓展到固定收益、商品、货币、外汇等主要大类资产,实现了多元化和广泛化。图 3.2 给出了全球 ETF 的家族图谱。目前商品类 ETF 是 ETF 市场产品创新的主要方向,如石油、黄金等资源品以及玉米、小麦等农产品。从另类投资品种来看,ETF 市场出现了外汇、多空、杠杆、波动、期货等结构化产品。其中,从全球来看,外汇 ETF 的主流品种为美元、欧元、日元、加元和瑞士法郎,而澳元、新币、人民币同样有对应的货币 ETF。此外,还有跨境 ETF 品种,这类 ETF 可以使国内投资者更方便地投资国际市场。

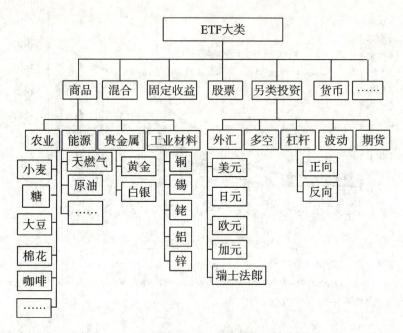

图 3.2　ETF 族谱图

资料来源：Deutsche Bank. ETF Annual Review & Outlook ［EB/OL］. ［2014-01-16］. http://www.fullertr-eactnibet.com/system/data/files/PDFs/2014/January/20th/ETFreoirt.pdf.

从产品结构来看，传统的股票型 ETF 依然占据主要地位，截至 2014 年年底，股票型 ETF 占全球 ETF 市场份额的 81.8%，固定收益率产品发展迅速，以 17% 位居第二，而商品类 ETF 和其余各品种 ETF 占比均比较小，占比分别为 0.8% 和 0.4%。如图 3.3 所示。

目前，ETF 产品遍布全球各大洲的主要市场。图 3.4 给出了全球 ETF 市场区域规模占比图，从图中可以看出，ETF 市场的地区集中度极高。美国在全球 ETF 市场一家独大，截至 2013 年年末，美国市场 ETF 规模达到了 2.1 万亿美元，占全球 ETF 市场规模的 72%。欧洲紧随美国之后，市场规模约为 5 000 亿美元，占比为 18%。此外，亚洲（主要是日本、新加坡、中国香港、中国内地、中国台湾）规模为 2 000 亿美元，占比为 7%，而全球其他洲的资产规模很小，占比仅为 3%。

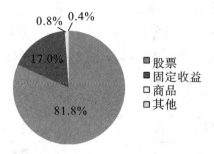

图 3.3 全球 ETF 产品规模占比图（截至 2014 年年底）

数据来源：Deutsche Bank. ETF Annual Review & Outlook ［EB/OL］. ［2014 - 01 - 16］. http://www.fullertr - eactnibet.com/system/data/files/PDFs/2014/January/20th/ETFreoirt.pdf；Deutsche Bank. ETF Annual Review & Outlook ［EB/OL］. ［2015 - 01 - 26］. https://www. altii. de/media/modelfield_files/fondsportal/press-release/pdf/Deutsche_Bank_Research_ETF_Market_Review _2014_Outlook_2015.pdf.

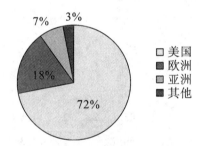

图 3.4 全球 ETF 市场区域规模占比图（截至 2013 年年底）

数据来源：Deutsche Bank. ETF Annual Review & Outlook ［EB/OL］. ［2014-01-16］. http://www.fullertr - eactnibet.com/system/data/files/PDFs/2014/January/20th/ETFreoirt.pdf.

从全球管理 ETP 规模最大的十家基金来看，全球 ETF 市场寡头垄断格局明显。如表 3.1 所示，截至 2015 年年底，全球前十大管理 ETP 的基金管理公司的规模占到了全球总额的 84.6%①，而 ETF 行业的龙头 iShares（安硕）旗下的 ETP 产品多达 759 只，市场规模达 1.1 万亿美元，市场份额接近 38%。除此之外，Vanguard（先锋）和 State Street（道富）拥有的 ETP 数量分别为 122 只和 251 只，市场规模达 5 093 亿美元和 4 425 亿美元，市场份额分别为 17.2% 和 15%。可见，全球前三

---

① 非 ETF 产品如 ETN、ETC、ETV 等占 ETP 总数的比例极低，可以将 ETP 近似看成是 ETF。

大 ETP 发行商共发行 ETP 产品 1 132 只,占全球的 18%;资产管理规模超过 2 万亿美元,占全球的 70%。表 3.1 也反映了全球 ETF 市场"一家独大"的特点,第一名和第二名的市场份额差距很大。其中除 Nomura(野村证券)和 Lyxor(领先)不是美国公司,其他的都是美国公司,其全球市场份额近 81%,表明美国在全球 ETF 市场一枝独秀。

表 3.1　全球管理 ETP 规模最大的十家基金公司(截至 2015 年年底)

基金公司	净资产 (十亿美元)	市场份额 (%)	数量 (只)
iShares	1 109.6	37.5	759
Vanguard	509.3	17.2	122
State Street	442.5	15	251
Powershares	102.1	3.5	212
DBX-Trackers	86.2	2.9	287
Nomura	65.2	2.2	71
Wisdom Tree	53.7	1.8	162
Lyxor	43.1	1.5	232
First Trust Portfolios	43.1	1.5	121
Charles Schwab	39.7	1.3	21

数据来源:BlackRock. BlackRock ETP landscape December 2015 [EB/OL]. [2016-01-14]. http://www.mondorisione.com/media-and-resources/news/blackrock-etp-landscape-december-2015/.

　　表 3.2 列出了截至 2013 年年底全球规模最大的十只 ETF 及其市场份额(2013 年全球 ETF 市场规模为 2.25 万亿美元)。可以看出,ETF 市场集中度极高,前十大 ETF 规模占全球的 1/4。此外,明星 ETF 规模巨大,美国第一只 ETF 即跟踪 S&P 500 指数的 SPDR ETF 规模超千亿美元,占比超过 7%。除 SPDR 外,其他一些 ETF 如 iShare Cores、iShare MSCI、Vanguard 新兴市场 ETF、QQQ 也取得巨大的成功,市场份额平分秋色,占比分别为 2.39%、2.35%、2.07%、2.02%。规模巨大、成交活跃的 ETF 吸引了以其为标的的衍生品的进一步发行。在美国,ETF 期权的发展远远好于指数期权的发展。芝加哥期权交易所 2001 年推出

的 QQQ 期权一上市，交易量就远超 Nasdaq 100 指数期权。1997 年上市交易的以 SPDR 为标的的标普 500ETF 期权（SPY 期权），是目前全球成交最为活跃的 ETF 期权，SPY 期权交易量增长速度要高于 S&P 500 指数期权。另外，场外 ETF 衍生品也得到了快速开发，远期 ETF 发展较为迅速，已经成为国际金融机构对冲风险，尤其是规避股指期货持仓风险的常用工具。

表 3.2　　　　全球规模最大的十只 ETF（截至 2013 年年底）

基金名称	资产规模（百万美元）	市场份额（%）	发行者
SPDR S&P 500 ETF	174 850	7.77	State Street
iShares Core S&P 500 ETF	53 709	2.39	BlackRock
iShares MSCI EAFE ETF	52 826	2.35	BlackRock
Vanguard FTSE Emerging Markets ETF	46 555	2.07	Vanguard
PowerShares QQQ Nasdaq 100	45 338	2.02	PowerShares
iShares MSCI Emerging Markets ETF	40 125	1.78	BlackRock
Vanguard Total Stock Market ETF	39 154	1.74	Vanguard
iShares Russell 2000 ETF	28 271	1.26	BlackRock
iShares Core S&P Mid-Cap ETF	22 751	1.01	BlackRock
iShares Russell 1000 Growth ETF	22 673	1.01	BlackRock

数据来源：Deutsche Bank. ETF Annual Review & Outlook［EB/OL］.［2014-01-16］. http://www.fullertr-eactnibet.com/system/data/files/PDFs/2014/January/20th/ETFreoirt.pdf.

从全球市场来看，ETF 标的指数集中度极高。如表 3.3 所示，截至 2012 年年底，包括股票、债券、商品等各类资产在内的前十大标的指数市场份额超过 30%，其中标普 500 指数所对应的 ETF 产品、伦敦下午金所对应的产品规模占比非常高。

表 3.3　　　　全球前十大 ETF 标的指数（截至 2012 年年底）

基金名称	资产规模（十亿美元）	市场份额（%）	数量（只）
SPDR S&P 500 TR	174	9.26	32
London Fix Gold PM PR（伦敦下午金）	132	7.02	29
MSCI EM NR（新兴市场指数）	59	3.12	19

表3.3(续)

基金名称	资产规模 （十亿美元）	市场份额 （％）	数量 （只）
MSCI EAFE NR（欧亚澳中东指数）	50	2.68	12
BarCap US Agg Bond TR	34	1.83	8
Nasdaq 100 TR	33	1.77	18
FSE DAX TR EUR	30	1.58	13
S&P MidCap 400 TR	30	1.58	16
IBOXX Liquid Investment Grade TR	25	1.35	2
DJ US Total Float Adjusted TR	25	1.32	2

数据来源：理柏（Lipper）基金公司 http://www.lipper/eaders.com/index.aspx#.

3.2　全球 ETF 市场发展新趋势

在传统型 ETF（Plain Vanilla ETF，又称香草型 ETF）市场规模不断膨胀的同时，全球 ETF 市场不断推陈出新，创新产品层出不穷，相继出现了杠杆和反向 ETF、合成 ETF、聪明贝塔 ETF 等，其中聪明贝塔 ETF 近年来独领风骚，2015 年更是红极一时。

3.2.1　杠杆和反向 ETF（Leveraged and Inverse ETF）

传统 ETF 通常被动追踪目标指数，追求与目标指数相同的回报，净值或价格通常与目标指数同涨同跌。在传统 ETF 的基础上，境外市场推出了能够在市场下跌时上涨或者能够在市场上涨时放大收益的新型 ETF，即反向及杠杆 ETF。杠杆 ETF（Leveraged ETF），又称做多或看多 ETF（Bull ETF）。反向 ETF（Inverse ETF），又称做空 ETF 或看空 ETF（Short ETF 或 Bear ETF）。反向及杠杆 ETF 是指通过运用股指期货、互换合约等金融衍生工具，以期获得潜在指数或资产的多倍收益或反向收益的交易型开放式指数基金。在实际操作中，它通常追求的是目标指数的固定杠杆倍数，如 2 倍或−1 倍。

全球第一只杠杆和反向杠杆 ETF 是瑞典 XACT Founder AB 公司于

2005 年 2 月发行的 XACT Bull ETF 和 XACT Bear ETF。两只 ETF 的标的指数都是瑞典 OMXS30 指数，对应杠杆分别为 1.5 倍和-1.5 倍，即当目标指数在一个交易日上涨 1% 时，XACT Bull ETF 和 XACT Bear ETF 的净值将分别上涨 1.5% 和-1.5%。截至 2016 年 8 月，XACT Bull ETF 和 XACT Bear ETF 的市场规模分别为 3.95 亿美元和 6.94 亿美元。

美国首批杠杆型 ETF 则由 ProShares 公司于 2006 年推出。随后，Rydex、Direxion、Horizons BetaPro 等公司也纷纷推出杠杆型 ETF 产品，这些产品或追踪 S&P500、Dow 30 等主流指数，或追踪行业指数，也有追踪国际指数或相关商品指数的。Direxion 还推出了标的为新华富时中国 25 指数的中国 2 倍反向 ETF（China Bear 2x Fund）和 2 倍正向杠杆 ETF（China Bull 2x Fund）。此后，反向及杠杆 ETF 很快就风靡全球，欧美发达市场纷纷发行反向及杠杆 ETF 产品，如美国的 ProFunds、Direxion 等公司，英国的 Lyxor、ETF Securities 等公司，德国的 Deutsche Bank 等，其产品在美国、加拿大、英国、德国、法国、瑞典等国的多家交易所挂牌交易。此外，韩国的杠杆 ETF 比较活跃，成交量占整个韩国市场 ETF 交易量的 50% 左右。

截至 2016 年 5 月 27 日，全球杠杆及反向 ETF 共 344 只，规模高达 528.96 亿美元。从图 3.5 可以看出，全球杠杆 ETF 的发展经历了先高速增长后回落这两个阶段。2009 年以前，杠杆型 ETF 每年增加的产品数量持续井喷，在 2008 年达到峰值。2008 年次贷危机爆发，美国金融业监管局（FINAR）和美国交易委员会（SEC）出台大量针对杠杆 ETF 的监管措施，导致杠杆 ETF 的增长速度大幅下滑。

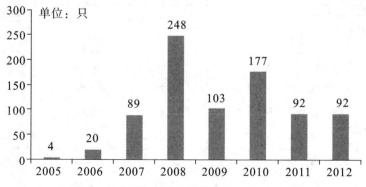

图 3.5 全球历年新成立的杠杆及反向 ETF 数量

数据来源：彭博（Bloomberg）公司 http://www.bloomberg.com/.

与传统 ETF 类型一致，根据标的资产类型，杠杆及反向 ETF 可以分为债券型、货币型以及股票型。表3.4 给出了杠杆及反向 ETF 龙头管理公司 ProShares 的系列产品类型。

表3.4 　　　　　　　ProShares **系列产品类型** 　　　　　单位：只

	全市场股票指数类	行业股票指数类	国际股票指数类	固定收益类	商品指数类	货币类
杠杆 ETF	11	19	7	3	4	2
反向 ETF	17	21	10	8	4	4

数据来源：PROFUNDS 公司网站 http://www.proshares.com/，数据截至 2016 年 9 月.

表3.5 给出了全球杠杆及反向 ETF 分类产品的市场规模数量及其相应的占比。从细分产品来看，股票类产品占比最大，其中杠杆股票 ETF、反向股票 ETF 的规模分别为 240.59 亿美元、129.24 亿美元，数量分别为 156 只、80 只，杠杆及反向型股票 ETF 在规模和数量上均占到全部产品的 70% 左右。规模位列第三、第四的是杠杆商品 ETF、反向债券 ETF，两者规模分别为 40.29 亿美元、38.04 亿美元，数量分别为

表3.5 　**全球杠杆及反向 ETF 系列产品分类（截至 2016 年 5 月）**

	类型	数量（只）	占总数量的比重（%）	规模（亿美元）	占总规模的比重（%）
杠杆 ETF（212 只）	债券类	19	5.52	30.70	5.80
	商品类	27	7.85	40.29	7.62
	货币类	7	2.03	6.69	1.26
	股票类	156	45.35	240.59	45.48
	波动率类	3	0.87	13.24	2.50
反向 ETF（132 只）	债券类	24	6.98	38.04	7.19
	商品类	20	5.81	10.00	1.89
	货币类	5	1.45	6.91	1.31
	股票类	80	23.26	129.24	24.43
	波动率类	3	0.87	13.24	2.50

数据来源：PROFUNDS 公司网站 http://www.proshares.com/.

27 只、24 只，规模占比分别为 7.62%、7.19%。2015 年，杠杆 ETF 共获得 63 亿美元资金流入，资产规模较年初增长 26%，高于 ETF 总规模 12% 的增长速度。其中，看空原油 ETF 的发展最快，如 VelocityShares 三倍看空原油 ETF 获得 24 亿美元流入，创 6 年来杠杆 ETF 资金流入的最高纪录。

3.2.2 合成 ETF（Synthetic ETF）

2005 年以后，ETF 市场的产品结构出现了新变化，在传统 ETF 市场规模稳步增长的同时，合成 ETF 正在全球市场悄然兴起，成为 ETF 市场快速发展的生力军。尤其在欧洲市场，合成 ETF 占据欧洲 ETF 市场近半壁江山（如图 3.6 所示）。

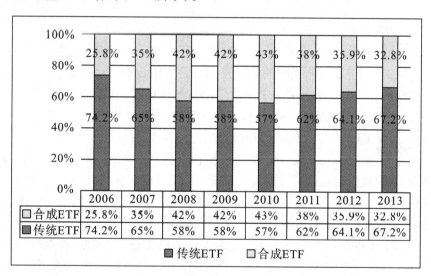

图 3.6　欧洲传统 ETF 与合成 ETF 市场规模占比图

数据来源：Deutsche Bank. ETF Annual Review & Outlook［EB/OL］.［2014 – 01 – 16］. http://www.fullertr-eactnibet.com/system/data/files/PDFs/2014/January/20th/ETFreoirt.pdf；Deutsche Bank. ETF Annual Review & Outlook［EB/OL］.［2015 – 01 – 26］. https://www.altii.de/media/modelfield_files/fondsportal/press-release/pdf/Deutsche_Bank_Research_ETF_Market_Review_2014_Outlook_2015.pdf.

合成 ETF 并不实际持有相关资产，而是通过投资与基准指数汇报挂钩的金融衍生工具来拟合指数收益。合成 ETF 的投资通常采取非融资性互换（Unfunded Swap）、融资互换（Funded Swap）两种形式。总收益互换（Total Return Swap）是合成 ETF 最常用的追踪指数收益的衍生品。在非融资性互换 ETF 结构中，ETF 发行人创造 ETF 份额时从授权参与者（Authorized Participant，又称做市商）手中获得的是现金而不是传统 ETF 结构中的一揽子股票，并利用这部分现金与另一金融中介达到总收益互换交易，以获得 ETF 标的资产的收益；与此同时，总收益互换的对手方将提供股票资产组合作为担保，但担保资产组合可以完全不同于 ETF 标的资产。在融资性互换 ETF 结构中，不同的是，抵押资产以三方协议形式存在而非真实出售。也就是说，ETF 发行人不是担保资产的直接受益所有人，而且通常要求超额担保 10%～20%，整个交易结构也更像一个信息或证券链接票据，并通过担保降低对手方风险。

3.2.3 聪明贝塔 ETF（Smart Beta ETF）

2015 年全球 ETF 市场表现最为抢眼的是聪明贝塔 ETF。截至 2015 年 12 月，Smart Beta ETF 已经占到美国上市 ETF 市场规模的四分之一。2015 年，三分之一新发行的 ETF 产品都是采用 Smart Beta 策略。根据晨星公司（Morningstar）的统计，使用 Smart Beta 策略的基金规模已经从 2008 年的 1 030 亿美元飙升至 2015 年年底的 6 160 亿美元。

传统 ETF 大多复制市场基准指数，追求与跟踪指数尽可能一致的收益。大多数市场基准指数采用市值加权计算，而市值加权指数会导致被高估的股票权重过大、被低估的股票权重过低，从而影响市场组合的超额收益。更重要的是，跟踪市场基准指数并不能获取超额收益，这时候基于 Smart Beta 交易策略的 ETF 应运而生。

Smart Beta 策略是近十年来最为炙手可热也是讨论为最热烈的一种交易策略，又称为策略贝塔（Strategic Beta）、基本面指数化策略（Fundamental Indexing）、因子指数化（Factor Investing）等。Smart Beta 策略广义上指通过改变指数的市值加权方式，以基于规则或量化的方法，增加指数在某些风险因子上的暴露，从而获得相应超额收益；狭义上指通过改变原市值加权指数的成份股选股方式或者加权方式而获益。Smart Beta 策略被认为是一种介于主动投资与被动投资之间的交易策略，能够获得比相对市值加权组合更低的风险和更高的收益。Smart Beta 策略本质上追求的不再是对指数的紧密跟踪，而是希望通过指数编制过程中对选股和权重安排的优化，获得跑赢传统市值加权指数的超额收益。

它结合了主动投资和被动投资的优点，既保留了被动型投资的优点，包括风险分散、流动性较好、透明度较高和比"主动型"投资更便宜等，又试着用系统性的方式寻找可以跑赢市场的策略，能够突破市值加权指数的限制，为投资者提供更加灵活的、多样化的投资组合策略。

根据晨星公司的分类，目前 Smart Beta 策略可分为基于风险（Risk -oriented）、基于收益（Return-oriented）和其他三大类。基于风险策略通过波动率和相关性倾斜减少风险，策略收益来自于风险溢价和特定因子敞口，主要包括等权、分散化权重、风险加权、最小方差和波动率加权策略。基于收益策略通过因子倾斜提高收益，主要包括价值加权、盈利加权等策略。其他类型，主要是基于持续的市场异象策略，以低波动、事件驱动策略为代表。通常部分市场异象会随着时间和环境的变化、公众的普及程度而逐渐衰减甚至消失；与此同时，在大数据、机器学习等计算机技术的广泛应用下，数据挖掘出了很多统计异象。

2008 年金融危机以来，随着市场对分散化、降低波动和控制风险的诉求不断增强，以此为目标的 Smart Beta 产品快速涌现。Smart Beta ETF 是 Smart Beta 系列产品中发展最为快速的。基于 Smart Beta 策略的 ETF 产品有以下特点：第一，低费用、透明管理。Smart Beta 指数 ETF 从本质上讲，保留了传统 ETF 产品的特点，采用指数管理的模式去管理资金。由于 ETF 在二级市场上可以进行交易，因此，基于 Smart Beta 策略的 ETF 与传统股票基金相比交易效率更高，而且税收和管理等费用也更低廉。第二，具有较好的流动性及交易效率。Smart Beta 指数 ETF 保留了 ETF 可以在二级市场进行交易的性质，相比传统的股票具有更高的交易效率，同时也具有较好的流动性。第三，能较好控制风险与增强收益目标。早期的 ETF 都是根据市值来进行加权，最大的优点是能够较为精准地复制市场指数，最大的缺点就是难以实现超额收益，而 Smart Beta 指数在编制方法上，从选股和加权两个方面都进行了一定的优化，从而获得基于传统市值加权指数的超额收益。

美国在全球 ETF 市场一家独大，Smart Beta ETF 在美国市场虽然仅有 10 年多的历史，却是美国 ETF 市场的热点产品，发展最为迅猛。2015 年美国新发 Smart Beta ETF 的数量为 103 只，占当年新发行 ETF 数量的 42%。截至 2015 年 12 月，美国市场共有 760 只 Smart Beta ETF，资产规模占全市场 ETF 的 63%。截至 2016 年 9 月，Smart Beta ETF 资金流入35亿美元，成长型ETF是最不受欢迎的Smart Beta ETF，净流出约43亿美元。2015年最受欢迎的Smart Beta ETF是低波动ETF，资金净流入141.5亿美元。

目前，美国Smart Beta ETF发行人集中度较为突出。前五大发行人数量和规模分别为300只和3 073亿美元，占全部Smart Beta ETF的50.8%和65.8%；前十大发行人数量和规模分别为418只和4 198亿美元，占比分别为70.7%和89.9%。从加权方式来看，多因子、红利、分层、基本面、等权的ETF规模均超过100亿美元。其中，多因子加权数量达到90只，规模突破1 787亿美元。图3.7是美国Smart Beta ETF发展情况图。如图3.7显示，美国Smart Beta ETF发展迅猛，数量和市场规模稳中有升，2015年是美国Smart Beta ETF发展最为快速的一年，数量和规模均达到峰值。

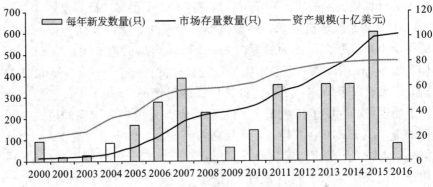

图3.7 美国Smart Beta ETF规模发展图

数据来源：ETF基金网 http://www.etfjijin.com/.

4 我国 ETF 市场发展概况

4.1 我国 ETF 市场发展现状

我国证券市场于 2004 年 12 月推出第一只 ETF 产品，即上证 50ETF。2006 年，上证 180ETF、上证红利 ETF、中小板 ETF 和深证 100ETF 在沪深交易所陆续上市。但之后很长一段时间都没有新的 ETF 面市，直到 2010 年，国内 ETF 的发行才开始提速。截至 2015 年 12 月，沪深两市共有 113 只 ETF，规模达 2 022 亿元，追踪的标的指数涵盖全市场股票指数、行业股票指数、债券指数、商品指数、境外股票指数等[①]。ETF 已成为我国投资者进行指数投资的主要金融工具。

表 4.1 列出了 2004—2015 年逐年上市的 ETF 数量。从表中可以看出，这 113 只 ETF 中有 104 只集中在 2010—2015 年上市，其中 2013 年 ETF 发展势头最为迅猛，仅当年就有 31 只 ETF 上市。

表 4.1　　　　　2004—2015 年上市 ETF 数量分布

年份	2004	2005	2006	2007	2008	2009	2010	2011	2012	2013	2014	2015
数量（只）	1	0	4	0	0	4	11	17	11	31	17	17

数据来源：沪深两市交易所.

[①]　实际上沪深两市上市交易的 ETF 共有 124 只，其中 113 只指数型 ETF（深市 46 只，沪市 67 只），11 只在上交所上市交易的货币型 ETF，本书的统计分析均不包括这 11 只货币型 ETF。

表 4.2 列出了全市场各品种 ETF 的数量。从表中可以看出，我国 ETF 市场九成以上是股票型 ETF，商品型和债券型 ETF 各自只有 4 只。而在股票型 ETF 中，宽基指数和行业指数 ETF 又占绝大多数。

表 4.2 　　　　　　　　　　中国 ETF 产品分类 　　　　　　　单位：只

基金类型		数量	合计
股票	宽基	37	105
	行业	29	
	主题	18	
	风格	4	
	策略	9	
	跨境	8	
商品		4	
债券		4	

数据来源：ETF 基金网 http://www.etfjijin.com/.

表 4.3 是我国股票型 ETF（不包括跨境股票型 ETF）按晨星投资风格箱划分的投资风格列表。晨星投资风格箱以基金持有的股票市值为基础，把基金投资股票的规模风格定义为大盘、中盘和小盘；以基金持有的股票价值——成长特性为基础，把基金投资股票的价值——成长风格定义为价值型、平衡型和成长型。表 4.3 说明目前我国境内股票型 ETF 都是大盘、中盘型和平衡、成长型，没有小盘型和价值型 ETF，这说明目前我国 ETF 市场产品类型单一、同质化严重。

表 4.3 　我国股票型 ETF（不包括跨境股票型 ETF）投资风格分类 　单位：只

大盘成长	大盘平衡	大盘价值	中盘成长	中盘平衡
28	50	10	1	5

数据来源：晨星网 http://cn.morningstar.com/main/default.aspx，数据截至 2015 年 12 月.

图 4.1 是我国 ETF 的资产规模变化图，从图中可以看出，2010 年以前我国 ETF 市场发展缓慢。2008 年受股市断崖式下跌影响，ETF 资产规模明显下降。从 2010 年开始，我国 ETF 市场总体规模开始迅猛增长，ETF 市场资产总值从 2010 年的 711 亿元跃升到 2014 年的 2 091 亿

元，增长了近 3 倍。2015 年，ETF 数量虽然增长了不少，但受股灾影响，资产总值从 2014 年的 2 091 亿元下降至 1 931 亿元。

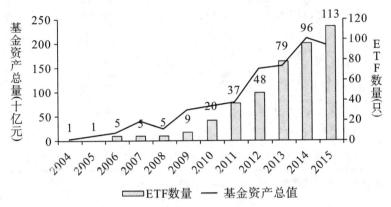

图 4.1　2004—2015 年我国 ETF 资产规模变化图

数据来源：Wind 数据库 http://www.wind.com.cn/.

表 4.4 对比了 2010 年和 2014 年我国 ETF 市场总体交易情况，其中市值和日成交金额单位为百万元，日成交量单位为百万份[①]。从表中可以看出，与 2010 年相比，2014 年的市场在总市值、日成交量、日成交额、日换手率的平均数、最小值以及中位数的数值上均明显小于 2010 年。这是因为：2014 年我国 ETF 市场迅速扩大，各只 ETF 之间的个体差异扩大，大量的 ETF 交投不活跃。从日换手率来看，2014 年 ETF 市场日换手率的平均值和最大值均远超 2010 年，均值增长近 100%，最大值则翻了 3 倍。这表明，经过四年的快速发展，国内 ETF 产品的交易日趋活跃，投资者对于 ETF 这一创新性投资产品的关注度也越来越高。但与 Petajisto（2011）的研究结果相比，我国 ETF 市场与美国市场尚存在较大的差距。

表 4.4　　　　2010 年与 2014 年 ETF 总体交易情况对比

年份	指标	平均数	最小值	中位数	最大值
2010	市值（百万元）	3 807	480.66	1 948.19	18 960.63

---

　① 之所以选择 2010 年和 2014 年的数据进行对比，是由于 2010 年之前，中国市场的 ETF 产品数量较少，而 2015 年又因股灾影响，市场成交萎靡，因此对比 2010 年与 2014 年的数据更能反映中国 ETF 市场在非异常状态下的交易状况和发展情况。

表4.4(续)

年份	指标	平均数	最小值	中位数	最大值
	日成交量(百万份)	154.35	0.13	38.64	2 504.91
	日成交额(百万元)	247.63	0.097	49.72	3 510.12
	日换手率(%)	2.87	0.002 4	1.80	58.23
2014	市值(百万元)	1 948.87	4.47	216.59	45 919.18
	日成交量(百万份)	27.65	0.00	0.92	2 474.51
	日成交额(百万元)	60.58	0.00	1.17	8 721.86
	日换手率(%)	4.89	0.00	0.59	1 841.88

数据来源：Wind 数据库 http://www.wind.com.cn/.

表4.5 列出了 2010 年至 2015 年我国 ETF 市场不同类型 ETF 的折溢价率及其波动率。其中等权计算是各只 ETF 取相同权重，加权是各只 ETF 按市值进行加权计算得到的。表中的数据表明：从总体看，无论是等权计算还是加权计算，我国 ETF 的折溢价率大多呈现负值并且绝对值较小，大部分都在 100 个基点以内，即小于 1%。这说明我国 ETF 普遍呈现折价交易，而且我国 ETF 市场的定价效率较高。从 ETF 折溢价率的波动率来看，加权计算的波动率远小于等权计算的波动率，这是由于我国 ETF 差异性较大，大部分 ETF 的交易、投资都不活跃，造成 ETF 折溢价率波动较大。商品类 ETF 的等权折溢价率绝对值最低，债券类次之。股票类 ETF 的折溢价率绝对值及其波动率介于商品类 ETF 和债券类 ETF 之间。股票型 ETF 总体上呈现低折溢价、高波动率的特点。在股票类 ETF 中，风格类 ETF 的等权折溢价率绝对值最低，策略类最高，行业和宽基类 ETF 居中。表 4.5 中的数据表明，目前我国大多数 ETF 具有良好的定价效率，市场运行状况总体稳定，但各品种 ETF 存在较大差异。

表 4.5　　　　　　　　　　我国 ETF 折溢价率情况

ETF 种类	平均市值 (亿元)	折溢价率（bp）		折溢价波动率（bp）	
		等权	加权	等权	加权
股票类	1 324.76	−0.2	−25.5	277.9	70
宽基	1 126.71	−19.5	−7.6	35.5	30.2

表4.5(续)

ETF 种类	平均市值 （亿元）	折溢价率（bp）		折溢价波动率（bp）	
		等权	加权	等权	加权
行业	40.57	−18.8	−11.7	22.2	0.7
主题	108.89	−58.6	−172.8	419.2	34.5
风格	24.91	−0.4	−6.1	22.6	0.4
策略	12.75	167.9	284.1	521.1	5
跨境	10.93	−3.1	−73.1	110.6	0.9
商品类	12.03	−3.7	−1.4	16.7	0.1
债券类	18.87	142.6	−53.3	123.2	1.8
全部	1 355.66	−4.3	−25.6	271.4	71.9

经过十余年的发展，我国ETF市场已经渡过起步期进入快速发展时期，ETF数量和资产总值快速增加，ETF产品日益多样化，交易活跃程度也有了一定的进步。但我们发现，国内ETF市场还主要存在两个方面的问题。

第一，产品同质化严重。市场中存在多只ETF跟踪同一标的指数，比如沪深300、中证500等，而特色鲜明又深受投资者喜爱的主题类ETF却寥寥无几，之前ETF的创新主要集中在产品运作模式上，对于客户细分需求的开发尚显不足。

第二，内生流动性不足，大量ETF交易并不活跃。由于ETF一级市场参与者少、二级市场投资者数量也有限，虽然部分蓝筹ETF、创业板ETF以及黄金ETF交易比较活跃，但是绝大多数ETF交易清淡，很多ETF甚至已经丧失流动性。

作为一种便捷、低成本的新型投资工具，ETF市场的发展壮大对我国证券市场具有非常重要的意义。目前，我国ETF品种日益多样化，跟踪各类指数，可满足投资者的不同需求。但是，目前我国投资者对ETF认识不足，很多品种的ETF交易并不活跃。与美国相比，目前美国拥有的ETF资产占全球ETF资产的70%左右，形成一家独大的格局，但从其数量来看，占比仅为三分之一，表明美国拥有众多巨无霸ETF。因此，我国应该从以下五个方面采取措施，进一步加快我国ETF市场发展。

第一，要进一步加大指数和 ETF 产品的创新。积极应对市场变化，增加投入力量，加大人才培养，不断推动 ETF 市场投资创新发展。

第二，进一步加强 ETF 交易制度的创新。流动性是 ETF 成功的关键因素，但是如何提升 ETF 流动性一直以来困扰着交易所和基金管理人。2015 年年初开始，交易所开始尝试跨境 ETF 实行二级市场"T+0"交易，事后证明这一交易规则改进活跃了一些 ETF 的成交量，但并没有增加 ETF 的运作风险，这为以后在其他 ETF 上做出交易制度改进形成了良好的示范作用。未来如果股票类 ETF 实行"T+0"交易，将大大提升整个 ETF 市场的流动性，也将提高基金管理人开发 ETF 的积极性。

第三，要加强市场基础设施建设和强化风险控制。要建立健全指数、ETF 产品和 ETF 投资的规章制度，加强 ETF 的合规运作和交易监控，防范期货、现货市场的系统性风险和传导性风险。

第四，要进一步加大指数化投资理念的宣传及对中小投资者的专业教育。在成熟发达市场，指数化投资一般以专业的机构投资者、长期投资者为主。在我国散户占绝对多数的市场中，一方面，大量的中小投资者参与指数化投资甚至大量地参与到杠杆类分级指数基金的投资中；另一方面，许多机构投资者把指数基金作为波段操作博取短期收益的工具。这都在一定程度上与指数化投资的内在规律不相吻合，给投资者带来了一定的风险。因此加大对指数化投资的宣传、重视投资者教育非常重要。

第五，我国应该适时推出杠杆 ETF。杠杆 ETF 是通过运用股指期货、互换合约等杠杆投资工具，实现在设定时间段内投资组合收益达到跟踪指数的杠杆倍数。与期权、股指期货、融券等做空工具相比，杠杆 ETF 具有低成本、低门槛等优势。因此，推出杠杆 ETF 将使中小投资者拥有高效便捷的做空工具，发展不同倍数的杠杆 ETF 可以引导投资者按风险收益偏好予以分化，从而有利于深化市场，稳定市场。

目前我国 ETF 市场规模约为我国 A 股总规模的 5%，整体规模还很小，未来发展前景巨大，ETF 境外服务业务还有很大的发展空间。当前基金管理人应当紧紧抓住内地香港互联互通机制和基金互认等重大契机，努力提升以 A 股为标的的 ETF 产品的国际竞争力。

4.2 绿色金融与我国 ETF 市场发展机遇

2016 年 9 月召开的杭州 G20 峰会首次将"绿色金融"列入了重点议题,"绿色投资"逐渐成为全球的共识。中国人民银行等七部委于 9 月 1 号印发了《关于构建绿色金融体系的指导意见》,就推动证券市场支持绿色投资提出了明确要求:要支持开展绿色债券指数、绿色股票指数以及相关产品,鼓励相关金融机构以绿色指数为基础,开发公募、私募基金等绿色金融产品,满足投资者需要;要引导各类机构投资者投资绿色金融产品,鼓励养老基金、保险资金等长期资金发展。

当前绿色金融对我国 ETF 投资提出更高要求,带来挑战的同时又提供了良好的发展机遇。主要表现在以下四个方面:

第一,我国绿色融资需求巨大,为 ETF 市场提供了巨大的发展空间。根据中国环境与发展国际合作委员会于 2015 年 11 月发布的《绿色金融改革与促进绿色转型研究》报告显示,未来一段时间,我国具有巨大的绿色融资需求。该报告核算的资金需求涵盖可持续能源、基础设施建设、环境修复、工业污染治理、能源与资源节约、绿色产品等 6 大领域,涉及 16 个子类。对资金需求做了两个时间段的估计,分别为 2014—2020 年以及 2021—2030 年的绿色融资需求,并将资金需求划分为低方案、中方案、高方案。低方案是按照 2013 年国家制定的绿色发展目标和 2013 年达到的环境保护水平,以及当年投入的绿色金融资金进行测算。中方案是达到 2013 年国家制定的环境保护标准和 2015 年制定的绿色发展目标。高方案是指达到 2015 年国家制定的绿色发展目标和 2015 年制定的环境保护标准。该报告研究预测估计:2014—2030 年期间,低方案、中方案、高方案下的中国绿色资金需求,分别为 40 万亿元、70 万亿元、123 万亿元。在如此巨大的绿色融资需求中,不乏大量既有生态效益又有长期投资价值的投资对象。这将为指数化投资特别是 ETF 市场发展带来新的投资机遇。

第二,目前我国正在加快构建绿色金融体系,这为发展绿色指数、绿色证券指数以及绿色 ETF 产品的发行创造了更有利的条件。绿色金融体系构建是指通过建立绿色信贷、绿色债券、绿色股票指数等相关产品，绿色发展基金、绿色保险、碳金融等金融和相关政策制度，大力支持我国经济向绿色化转型发展。目前，我国绿色证券指数化投资已经取得了初步发展，共有 19 只绿色股票指数，3 只绿色债券指数。截止到 2016 年 9 月初，国内基金管理机构已推出以环保低碳新能源、清洁能源、可持续社会责任治理为主题的基金约 94 只，规模约 980 亿元，指数型基金 56 只，规模约 470 亿元。但与一些发达国家相比，我国的绿色证券指数比较少，投资规模较小，投资者数量也较少。我们要进一步健全绿色股票指数，发展和完善系列指数、特色指数，鼓励资产管理机构开发多种形式的绿色股票、绿色债券投资品种。可以预见，在现有的良好基础上，我国的绿色金融发展具有广阔的前景。

第三，绿色投资一般周期性长、可持续性强，与指数化的长期投资需要相得益彰。金融机构和金融市场通过发行、开发新的金融工具和服务手段，支持绿色融资活动，促进投资者将环境因素融入投资策略，通过提升环境友好型投资和抑制污染型投资，在较长时期内实现更高、更稳定的回报。MSCI 的一份研究报告显示，新兴市场 ESG 指数长期投资收益率高于同期的新兴市场指数的表现，而且波动率较小，风险收益率高。从指数年度表现看，2008—2014 年间，MSCI 新兴市场 ESG 指数比新兴市场指数表现每年高 3~6 个百分点。由此可见，绿色证券指数甚至可能更适合开发指数化投资产品。

第四，绿色投资在国际上形成的经验与方法，可以为我国绿色类 ETF 产品发展提供有益的启示与借鉴。在发达国家，绿色投资于 20 世纪 90 年代得到了广泛认可，此后，逐步形成较为系统的理念、原则与方法。其中较为重要的一项，就是联合国倡导的责任投资原则（PRI）。责任投资与绿色投资一脉相承，共同强调环境准则、社会准则、收益准则，旨在促进企业追求经济利益的同时，积极倡导节约资源、改善环境等社会责任，以实现资产所有者、投资者、监管者和全社会共赢的局面。目前 PRI 有来自 50 多个国家的 1 500 多家会员，涉及会员管理资产规模约 60 万亿美元。我国资产管理机构可以充分学习和借鉴国际投资领域的有益经验、方法，积极参与国际资产管理行业的竞争。

5 我国 ETF 市场功能分析

5.1 我国 ETF 市场定价效率分析

5.1.1 引言

2001 年年底，全球仅有 90 只 ETF，到 2014 年，这一数字跃升至 6 300 多只，规模高达 2.5 万亿美元。2005 年我国第一只 ETF 上证 50ETF 上市交易，经过数十年的发展，截至 2015 年 12 月，沪深两市共有 113 只 ETF，规模达 2 022 亿元，追踪的标的指数涵盖全市场股票指数、行业股票指数、债券指数、商品指数、境外股票指数等。ETF 已成为我国投资者进行指数投资的主要金融工具。

ETF 兼具开放式基金和封闭式基金的特点，既可以在一级市场上申购赎回，又可以在二级市场上交易买卖，因此 ETF 具有实时净值和实时交易价格。不同于开放式基金，除非在可以用现金替代的情况下，ETF 的申购是以一揽子股票换取基金份额，赎回是以一定的基金份额换取一揽子股票。根据一价定律，ETF 在一级市场和二级市场上的价格应该相等。但是，在实际交易中，由于供求关系等因素影响，ETF 的价格并不等于 ETF 的净值。当这两者存在偏差时，市场上就存在套利机会。当 ETF 价格高于其净值时（ETF 溢价），套利者通过买入一揽子股票，在一级市场上用这一揽子股票申购 ETF，并在二级市场上卖出 ETF，从中获利；当 ETF 价格低于其净值时（ETF 折价），套利者在二级市场买入 ETF，在一级市场上赎回 ETF 得到一揽子股票，卖出这一揽子股票，从中获利。根据上海证券交易所发布的《上海证券交易所交易型开放式指数基金业务实施细则》第 22 条规定，允许 ETF 在一级、二级市场之间实现变现的"T+0"交易，且一天之内不会有次数限制，该交易机制设计为 ETF 的套利实现提供了保证。

ETF 的折溢价衡量了 ETF 的定价效率。ETF 折溢价程度越小，ETF 市场的定价效率就越高。影响 ETF 折溢价的因素众多，ETF 交易的活跃程度、成份股的停牌（张铮等，2012）、投资者非理性行为（李凤羽，2014）等因素都会影响到 ETF 折溢价的变化。然而，从 ETF 套利交易的本质出发，ETF 的套利速度和净值延迟是影响 ETF 折溢价的主要因素。套利速度是指 ETF 二级市场价格立即回复到真实净值的效率，套利速度越快，价格向净值修复的速度就越快，价格和净值的价差就越小，ETF 的定价效率就越高。另外，ETF 的净值存在一定的延迟，通常计算 ETF 折溢价都是将 ETF 实时价格与 ETF 基金份额参考净值（IOPV）进行对比，我国沪深两市是每隔 15 秒实时公布 ETF 的 IOPV。因此，ETF 的净值存在延迟滞后的问题，当 ETF 折溢价超出交易成本时，也并不意味着市场上存在套利机会。ETF 的净值延迟系数越大，表明市场上公布的 ETF 净值与其内在价值差距越大，ETF 的定价效率就越低。

目前，国内学者对我国 ETF 市场的研究主要集中于 ETF 的价格发现（张宗新和丁振华，2005；肖倬和郭彦峰，2010；王良和冯涛，2010；陈莹等，2014）、ETF 上市对市场质量的影响（郭彦峰等，2007）、ETF 套利及期现套利（刘伟等，2009）等方面。而对我国 ETF 市场定价效率的相关研究还比较少。目前对 ETF 市场定价效率的研究大多是直接利用计量方法计算 ETF 市场的折溢价率，进而再分析定价效率。Engle 和 Sarkar（2002）研究发现美国国内 ETF 的折溢价比国际型 ETF 的折溢价变化小，说明美国国内 ETF 的定价比国际型 ETF 更有效。Petajisto（2013）将美国 ETF 市场进行细分，计算各类型 ETF 的折溢价，发现各类型 ETF 的折溢价差距很大，说明美国 ETF 市场各类型 ETF 的定价效率差异较大。Madhavan 和 Sobczyk（2014）从套利交易的本质出发，研究美国 ETF 市场的定价效率，结果与 Petajisto（2013）的研究结论类似。张铮等（2012）探讨成份股的停牌对上证 50ETF 定价效率的影响。李凤羽（2014）分析投资者情绪对 ETF 折溢价率的影响。贾云赟（2015）分析易方达深 100ETF 的折溢价波动水平及其影响因素，并分析得出了相关的套利策略。

因此，从 ETF 套利交易的本质出发，对 ETF 定价效率的研究还不多见。本书正是基于 ETF 独特的申购赎回机制，从净值延迟和套利速度两个维度，以沪深两市上市的 ETF 为研究对象，利用状态空间模型估计我国 ETF 市场的净值延迟系数和套利速度，并与美国市场进行对比分析，借以窥视我国 ETF 市场的定价效率。本书的贡献在于：第一，不同于以往直接进行折溢价或者追踪误差的研究，而是从套利交易的本质出发，从净值延迟和套利速度的视角，研究我国 ETF 市场的定价效率。第二，以往的研究大多只针对某一只 ETF 进行研究，而本书的研究是基于沪深两市上市的所有股票型和债券型 ETF 基金，因此，本书的研究更全面、系统，研究结论史具有代表性。

5.1.2　模型建立

我们利用状态空间模型分析 ETF 价格、净值以及预期价值之间的关系。

将 ETF 二级市场价格记为 p_t，假设 p_t 满足：

$$p_t = v_t + u_t \qquad\qquad (5.1)$$

其中 v_t 是 ETF 在 t 时刻的（不可观测的）预期价值，假设 v_t 是个随机游走过程，即 $v_t = v_{t-1} + r_t$，其中 $r_t \sim (\mu_r, \delta_r^2)$，$r_t$ 是预期价值的新息项，若 v_t 是对数预期价值，则 r_t 就是预期收益率。u_t 是噪声冲击，描述了 ETF 价格的短暂流动性冲击效应。参考 Poterba 和 Summers（1988）的做法，假设 u_t 服从一阶向量自回归过程，即 $u_t = \psi u_{t-1} + \varepsilon_t$，其中 ε_t $\sim (\mu_\varepsilon, \delta_\varepsilon^2)$，$\psi$ 是自回归系数，刻画了真实折溢价的修正速度，ψ 越小，意味着越快的折溢价修正，$\psi = 0$ 意味着折溢价立即得到修正，价格立即回复到真实净值。ψ 反映了当 ETF 价格与内在价值出现偏差时，套利者通过一级市场和二级市场的操作套利来消除价差的效率，因此可以将 ψ 理解为 ETF 的套利速度。ψ 越小，表明 ETF 的价格能更有效地调整到内在价值水平。ETF 定价效率越高，市场价格发现能力也越强。

将 ETF 的净值记为 n_t，假设 n_t 满足：

$$n_t = (1 - \varphi)v_t + \varphi n_{t-1} + w_t \tag{5.2}$$

其中 $w_t \sim (\mu_w, \delta_w^2)$，$0 \leqslant \varphi \leqslant 1$，$\varphi$ 刻画了 ETF 净值可能的延迟，我们称之为延迟系数。当 $\varphi = 0$，$\sigma_w^2 = 0$ 时，表明 ETF 净值等于其内在价值并且不存在延迟定价；当 $\varphi > 0$ 时，表明 ETF 净值存在延迟定价；$\varphi < 0$ 表明市场反应过度。延迟系数 φ 越大，表明市场上公布的 ETF 净值与其内在价值越不相符，新信息无法及时得到反应，导致了投资和套利者不能准确判断套利机会。因此，φ 反映了 ETF 价格发现功能实现的消极因素，φ 越大，表明 ETF 的定价效率越低，ETF 的价格发现能力越弱。

将 ETF 的折溢价定义为 ETF 价格与净值之差，记为 π_t：

$$\pi_t = p_t - n_t \tag{5.3}$$

通过方程（5.1）和（5.2）可得：

$$\pi_t = (v_t + u_t) - n_t \tag{5.4}$$

进一步地，

$$\pi_t = \varphi(r_t + \varphi r_{t-1} + \cdots) + (1 - \varphi)(w_t + \varphi w_{t-1} + \cdots) + \varepsilon_t + \psi \varepsilon_{t-1}$$
$$+ \psi^2 \varepsilon_{t-1} + \cdots \tag{5.5}$$

式（5.5）将 ETF 的折溢价分解为三个部分：第一部分是延迟系数与 ETF 预期收益率加权平均的乘积；第二部分是过去净值噪声的加权平均；第三部分是套利速度与流动性新息的加权平均，反映了套利速度和短暂的流动性冲击效应对 ETF 折溢价的影响。

状态空间模型建立了可观测变量和系统内部状态（不可观测变量）之间的关系，从而可以通过估计各种不同的状态变量达到分析和观测系统的目的。本书的状态空间模型表示为：

量测方程：

$$\begin{bmatrix} p_t \\ n_t \end{bmatrix} = \begin{bmatrix} \psi p_{t-1} \\ \varphi n_{t-1} \end{bmatrix} + \begin{bmatrix} 1 & -\psi \\ 1 - \varphi & 0 \end{bmatrix} \begin{bmatrix} v_t \\ v_{t-1} \end{bmatrix} + \begin{bmatrix} \varepsilon_t \\ w_t \end{bmatrix} \tag{5.6}$$

状态方程：

$$\begin{bmatrix} v_t \\ v_{t-1} \end{bmatrix} = \begin{bmatrix} 1 & 0 \\ 1 & 0 \end{bmatrix} \begin{bmatrix} v_{t-1} \\ v_{t-2} \end{bmatrix} + \begin{bmatrix} r_t \\ 0 \end{bmatrix} \tag{5.7}$$

5.1.3 实证结果

本书选取 2005 年 2 月 23 日至 2015 年 4 月 18 日在沪、深两市上市交易的所有跟踪境内指数的股票型和债券型 ETF 作为研究样本，剔除了日均成交量百万份以下以及连续交易未满一年的 ETF，共有 60 只股票型 ETF 和 4 只债券型 ETF。所有数据均来自 Wind 数据库。

表 5.1 给出了样本 ETF 的描述性统计，从表中可以看出，截至 2015 年 4 月，我国日成交量在百万份及以上的股票型 ETF 总成交金额达到 9.88 万亿元，平均成交金额达到 0.16 万亿元，总成交量为 2.18 万亿份，平均成交量为 0.036 万亿元。债券型 ETF 总成交金额达到 7.2 亿元，平均成交金额达到 1.8 亿元，总成交量为 7.14 万亿份，平均成交量为 1.78 万亿份。

表 5.1　　　　　　　　　　　　样本描述性统计

类型	股票型 ETF	债券型 ETF
基金数量（只）	60	4
总成交额（百万元）	9 884 470	720
平均成交额（百万元）	164 741	180
总成交量（百万份）	2 181 300	7 143 976
平均成交量（百万份）	36 355	1 785 994
平均溢价（元）	1.37	2.13

本书利用 Kalman 滤波估计模型（5.6）和（5.7），得到参数估计值[①]。我们着重分析延迟系数 φ 和套利速度 ψ 这两个参数。我们首先对每一只 ETF 进行估计，接着对所有的 ETF 将这两个参数分别求平均值。表 5.2 列出了模型的估计结果，表中分析列出了延迟系数 φ 和套利速度 ψ 的均值、中位数、按成交金额加权的均值、标准差，同时列出了估计系数在显著水平为 5% 下显著的 ETF 占总样本数的百分比。表 5.2 表

---

① 为了避免伪回归问题，状态空间模型要求变量是平稳的或者变量之间存在协整关系。本书进行状态空间模型估计之前，首先对每一只 ETF 的价格和净值序列都进行了平稳性和协整检验。检验结果表明，每一只 ETF 的价格和净值都是一阶单整的，而且价格和净值存在协整关系。由于篇幅所限，本书没有列出检验结果，有需要的读者可向作者索要。

明，60 只股票型 ETF 的延迟系数有 45 只估计值显著，4 只债券型 ETF 的延迟系数显著。这表明我国 ETF 普遍存在延迟定价情况，说明新信息反映到市场中具有一定滞后性，投资者很难准确地根据实时信息做出正确的判断。套利速度可做同样的分析。表 5.2 中，债券型 ETF 的估计值都明显高于股票型 ETF，表明债券型 ETF 的信息反应速度慢于股票型 ETF。

表 5.2　　　　　　　　　状态空间模型估计结果

类型	股票型 ETF		债券型 ETF	
变量	延迟系数 φ	套利速度 ψ	延迟系数 φ	套利速度 ψ
均值	0.288 0	0.406 6	0.931 9	0.576 7
中位数	0.067 9	0.299 3	0.937 3	0.495 5
加权均值	0.329 3	0.237 8	0.910 6	0.494 2
标准差	0.494 6	0.625 1	0.038 5	0.154 6
显著性>0	0.75	0.73	1.00	0.75

我们将我国 ETF 市场状态与美国市场进行对比。表 5.3 是 Madhavan 和 Sobczyk（2014）对美国 ETF 市场上 387 只跟踪境内指数的股票型 ETF 和 113 只债券型 ETF 的分析结果，我们将表 5.2 与表 5.3 进行对比分析，发现不管是延迟系数还是套利速度，表 5.2 中的估计值都明显高于表 5.3 中的估计值。这表明相比于美国 ETF 市场，我国 ETF 市场整体定价效率较低。

表 5.3　　Madhavan 和 Sobczyk（2014）对美国 ETF 市场的分析

类型	股票型 ETF		债券型 ETF	
变量	延迟系数 φ	套利速度 ψ	延迟系数 φ	套利速度 ψ
均值	−0.08	0.24	0.40	0.61
中位数	−0.05	0.20	0.45	0.71
加权均值	−0.02	0.28	0.51	0.69
标准差	0.11	0.23	0.35	0.33
显著性>0	0.03	0.80	0.83	0.96

注：本表根据 Madhavan 和 Sobczyk（2014）文中表 2 的结果整理得来.

5.1.4 本节小结

本书基于 ETF 独特的套利机制，从净值延迟和套利速度两个维度，以沪、深两市上市的 ETF 为研究对象，利用状态空间模型估计我国 ETF 市场的净值延迟系数和套利速度，并与美国市场进行对比，分析我国 ETF 的定价效率。研究结果表明，与美国市场相比，我国 ETF 市场净值延迟定价程度较高，套利速度较慢；我国 ETF 定价效率较低，股票型 ETF 的定价效率优于债券型 ETF。这与我国 ETF 市场流动性较差有较大关系。虽然我国 ETF 产品种类日益丰富，但产品同质化严重。以跟踪沪深 300 指数的 ETF 为例，截止到 2015 年 12 月，沪深两市共有 7 只 ETF 跟踪沪深 300 指数，而这 7 只中仅华泰柏瑞沪深 300ETF 的日均成交量就远超过其他 6 只同类型的 ETF。

作为一种便捷、低成本的新型投资工具，ETF 市场的发展壮大对我国证券市场具有非常重要的意义。本书基于上述研究结论，提出以下政策建议：一是交易所可以适当缩短净值公布时间间隔，使套利者有更为准确的净值参考。二是应该加强 ETF 的投资者教育，提高投资者对 ETF 的认识。目前我国 ETF 品种日益多样化，可满足投资者的不同需求。但是，我国投资者对 ETF 认识不足，很多品种的 ETF 交易并不活跃。目前美国拥有的 ETF 资产占全球 ETF 的 70% 左右，形成一家独大的格局，但从其数量来看，占比仅为三分之一，表明美国拥有众多巨无霸 ETF。因此，应该加强 ETF 的投资者教育工作，提高投资者对 ETF 的认识，使投资者更多地参与 ETF 交易，从而提高 ETF 市场整体的活跃度。三是适时推出杠杆 ETF。杠杆 ETF 是通过运用股指期货、互换合约等杠杆投资工具，实现在设定时间段内投资组合收益达到跟踪指数的杠杆倍数。与期权、股指期货、融券等做空工具相比，杠杆 ETF 具有低成本、低门槛等优势。因此，推出杠杆 ETF 将使中小投资者拥有高效便捷的做空工具。另外，从我国资本市场的发展来讲，发展不同倍数的杠杆 ETF 可以引导投资者按风险收益偏好予以分化，从而有利于深化我国 ETF 市场。

5.2　我国 ETF 市场价格发现与波动传导研究

5.2.1　引言

从 ETF 的特性来看，ETF 其实就是一类指数类金融衍生品，只是其交易机制不同于股指 ETF 或股指期权等产品。作为衍生品，ETF 价格与标的指数现货指数价格之间存在着极其密切的联系。随着我国 ETF 市场的快速发展，目前我国 ETF 市场运行状况如何？是否已经具备了价格发现功能？ETF 市场和标的指数之间具有怎样的波动传递关系？目前对这些问题还缺少深入的研究。而对 ETF 市场的价格发现、波动溢出效应的研究，不仅可以揭示我国 ETF 市场的价格发现过程和指数化产品的风险传递机制，为市场参与者进行风险管理提供理论依据与实践指导，更为重要的是可以认识 ETF 市场的运行规律，总结经验，为我国进一步推进多品种 ETF 提供决策支持。因此，对这些问题的研究具有重要的理论意义。本章研究我国 ETF 市场的价格发现功能，以揭示我国 ETF 市场的运行效率。

5.2.2　文献综述

由于低成本、高流动性和高杠杆率等优势，新信息往往先在衍生品市场上得到反映，然后才传达到现货指数市场，从而使得衍生品价格具有引领现货指数市场价格变化的信号功能，即衍生品市场的价格发现功能。学者们对衍生品价格和现货指数价格之间的动态联系，通常采用协整关系检验、格兰杰因果检验和误差修正模型等方法进行研究，研究的对象主要集中于股指股货。如 Garbade 和 Silber（1983）最早建立了 ETF 价格与现货指数价格之间相互联系的动态模型来反映 ETF 的价格发现功能。Stoll 和 Whaley（1990）、Haigh（2000）、Covrig 等（2004）考察了不同国家的 ETF 和现货指数市场价格之间的领先滞后关系，发现 ETF 价格变化均领先于现货指数价格变化。

ETF 是近三十年才发展起来的创新型金融工具，目前学界对 ETF 的相关研究还比较少。Chu 等（1999）利用向量误差修正模型（VECM）

探讨 S&P 500 指数、S&P 500 指数 ETF 及 S&P 500 指数 ETF（SPDRs）这三个市场的价格发现功能和价格发现关系。实证结果表明，ETF 市场最具价格发现功能，SPDRs 次之，现货指数市场处在最后。Olienyk 等（1999）研究 17 种 WEBS 基金、12 个封闭国家基金及 SPDRs 的价格关联性。实证结果表明它们之间皆有显著的长期相关性。Hasbrouck（2003）利用 VECM 模型考察了 ETF 对标的指数的价格发现功能。结果显示：在存在迷你 ETF 合约（E-mini）的市场中，ETF 对标的指数价格发现的贡献很小；而在不存在 E-mini 的市场中，ETF 对标的指数价格形成的贡献很大。唐婉岁（2003）利用协整检验、误差修正模型和冲击反应分析等方法探讨 Nasdaq 100 指数现货指数、指数 ETF 与 ETFs 三个市场间的价格发现关系。实证结果表明，所有模型都支持 ETF 相对于指数 ETF 有较好的价格发现能力，ETF 相对于指数现货指数有较好的价格发现能力。Chen 等（2016）对四个以 S&P 500 指数为标的的指数衍生品（指数 ETF、指数期权、SPDRs、SPDRs 期权）的价格发现功能进行研究。实证结果表明在高波动时期，SPDRs 的价格发现能力超过 E-mini 指数 ETF，这个结果与 SPDRs 机构投资者的增加以及算法交易和高频交易的快速发展密切相关。

国内也有一些学者如金德环和丁振华（2005）采用多资产方差分解法分析上证 50ETF 对标的成份股的价格。结果表明 50ETF 在标的成份股的价格形成过程中贡献并不大。张宗新和丁振华（2006）从市场微观结构角度，运用交易成本假说、交易限制假说、市场信息假说对上证 50ETF 的价格发现功能进行深入剖析。实证结果显示，我国上证 50ETF 具有一定的价格发现功能。王良和冯涛（2010）以 5 只 ETF 产品为研究对象，对我国 ETF 基金的价格发现问题进行了研究，发现 ETF 基金净值在价格发现过程中信息份额相对最大，ETF 基金份额在中国 ETF 基金价格发现过程中具有较强的主导作用。肖倬和郭彦峰（2010）使用 5 分钟的高频数据，通过误差修正模型和方差分解等技术研究中小板 ETF 与其标的指数间的价格发现，发现在价格发现能力上，中小板 P 指数领先中小板 ETF。陈莹等（2014）采用信息份额模型和共因子模型研究了沪深 300 指数衍生证券的多市场交易对沪深 300 指数价格发现的影响。结果显示：股指 ETF 对价格发现贡献度最高；允许现金赎回的华泰柏瑞 ETF 基金的价格发现贡献度高于实物赎回的嘉实 ETF 基金。

为更进一步刻画衍生品市场和现货指数市场之间的内在联系，学者们还对衍生品和现货指数收益率的条件二阶矩之间的动态关系即波动溢出效应进行研究。波动溢出效应研究主要关注信息在市场之间传递对相关市场波动性的影响，从而可以更深入地认识衍生品市场的运行效率和金融市场的风险传递机制，目前研究的主要对象仍然是股指 ETF。如 Chan 等（1991）、Tse（1999）、Zhong 等（2004）、Tse 和 So（2004）等人的研究。也有一些学者对股指 ETF、ETF 以及一揽子股票的波动溢出效应进行实证研究。Ben 等（2014）和 Krause 等（2014）认为，ETF 和一揽子股票的套利行为将 ETF 市场的流动性冲击传递到现货指数市场，从而使 ETF 交易增加了标的指数成份股的非基本面波动；更进一步地，Ben 等（2014）指出这种使成份股波动率增加的行为并不伴随着 ETF 价格发现能力的提高，表明 ETF 交易增加了一揽子股票的噪声。Da 和 Shive（2013）发现，ETF 的套利行为将 ETF 市场的非基本面冲击传递到股票市场，从而造成了 ETF 所持有的一揽子股票收益率的联动。Israeli 等（2015）针对美国 ETF 市场的研究发现，ETF 持股比例的增加导致成份股的买卖价差增大、定价效率降低以及联动性增强。Lin 和 Chang（2005）的研究表明我国台湾的 TTT ETF（Taiwan Top 50 Tracker Fund）推出后，增加了标的指数市场的波动性，而且对指数中各行业的影响不尽相同。王婧（2006）探讨了 50ETF 对上证 50 指数成份股的波动影响情况。实证结果表明，ETF 的设立显著地提高了上证 50 指数成份股的波动性。张立和曾五一（2013）发现股票市场与 ETF 市场之间存在显著的双向波动溢出效应。

由上述文献回顾可以发现，目前学术界对 ETF 市场的运行规律还缺乏系统、深入的研究。目前的研究大多局限于 ETF 价格和标的指数价格之间的联系，并没有考虑 ETF 价格和标的指数价格之间的波动溢出效应。因此，本书以我国成交量最大的四只宽基 ETF（上证 50ETF、沪深 300ETF、中小板 ETF、创业板 ETF）为研究对象，尝试研究我国 ETF 市场的价格发现功能，以及 ETF 和标的现货指数之间的波动溢出效应，从而认识我国 ETF 市场的价格发现功能和风险传导机制，揭示我国 ETF 市场的运行效率，最终为中国多层次资本市场的建立和未来发展提供相应的理论支持。本书将采用协整理论、格兰杰因果检验和误差修正模型研究 ETF 市场的价格发现功能，采用双变量 TGARCH 模型考察 ETF 和标的指数之间的波动传导关系以及非对称的信息冲击（正负冲击）对 ETF 和标的指数的影响，并且在双变量 TGARCH 模型中引入误差修正项的平方，以考察 ETF 和标的指数的偏离对 ETF 和现货指数市场波动的影响，以期更深入地认识 ETF 和标的指数之间的整合程度以及信息在两个市场间的传递效率。

5.2.3 数据选择与描述性统计

本书选取日均成交量最大、交易最为活跃的四只宽基 ETF 为研究对象，即华夏上证 50ETF、华泰柏瑞沪深 300ETF、易方达创业板 ETF 和华夏中小板 ETF。四只 ETF 的上市时间并不一致，其中上证 50ETF 上市时间最早，于 2005 年 2 月 23 日上市交易，易方达创业板 ETF 上市时间最晚，于 2011 年 12 月 9 日上市交易。考虑到数据的连续性和有效性，本书选取 2012 年 6 月 1 日至 2015 年 12 月 31 日四只 ETF 的价格及其标的指数价格的日数据作为研究对象，共计 873 个样本日。所有数据均来自 Wind 数据库。

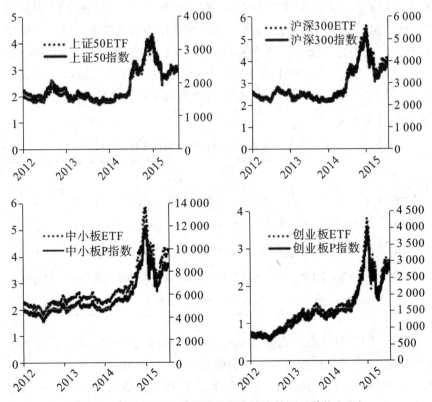

图 5.1 四只 ETF 及其标的指数价格走势图（单位：只）

图 5.1 为四只 ETF 及其标的指数的价格走势图。从图中可以看出，上证 50ETF 与上证 50 指数在期初偏差较大，2014 年以后偏差逐渐收敛，二者走势基本一致。沪深 300ETF 与沪深 300 指数的走势基本一致，追踪误差很小。创业板 ETF 与创业板 P 指数在期初偏差也较大，2015 年后偏差慢慢变小。中小板 ETF 与中小板 P 指数的追踪误差一直都很大，中小板 ETF 与中小板 P 指数长期存在较大的偏离。

为消除时间序列可能存在的异方差，对 ETF 价格和现货指数价格的每日收盘价格序列取自然对数，分别记为 f_t 和 s_t，ETF 和现货指数的百分比对数收益率序列表示为一阶差分 Δf_t 和 Δs_t。为简单计，我们以 $f_{it}(s_{it})$、$\Delta f_{it}(\Delta s_{it})$（$i=1，2，3，4$）分别表示上证 50ETF、沪深 300ETF、中小板 ETF、创业板 ETF 的对数价格序列和对数收益率序列。

四只 ETF 及其指数的对数价格序列的统计特征如表 5.4 所示。从标准差可以看出，ETF 与现货指数基本同步变化，其中创业板 ETF 及其现货指数的波动最大，这与创业板市场投机氛围最为浓厚相一致。从偏度来看，它们均为右偏。从峰度来看，前三只 ETF 及其现货指数的对数价格序列峰度小于 3，不具有尖峰特征；而中小板 ETF 及其峰度都大于 3，具有尖峰性质。从 JB 统计量来看，ETF 和现货指数的对数价格均不服从正态分布。

表 5.4 　　　四只 ETF 及其指数的对数价格序列基本统计特征

	f_1	s_1	f_2	s_2	f_3	s_3	f_4	s_4
均值	0.791	7.536	1.039	7.912	0.283	7.214	0.987	8.614
标准差	0.241	0.231	0.252	0.244	0.442	0.463	0.261	0.263
偏度	0.942	0.930	1.013	1.031	0.222	0.209	1.093	1.082
峰度	2.553	2.646	2.688	2.808	2.328	2.269	3.263	3.207
JB 值	136.324	130.345	152.764	155.941	23.619	25.770	176.383	171.756 7

四只 ETF 及其现货指数的对数收益率序列的统计特征如表 5.5 所示。从标准差和均值可以看出，创业板和中小板的波动最大，收益率也最高。从偏度和峰度来看，四只 ETF 及其现货指数均为右偏，都具有尖峰性质。从 JB 统计量来看，ETF 和现货指数的对数收益率序列均不

服从正态分布。Ljung-Box Q 统计量和 ARCH 检验表明 ETF 和现货指数的对数收益率序列存在自相关和条件异方差。

表 5.5　　四只 ETF 及其指数的对数收益率序列基本统计特征

	Δf_1	Δs_1	Δf_2	Δs_2	Δf_3	Δs_3	Δf_4	Δs_4
均值	0.042	0.033	0.047	0.040	0.142	0.150	0.067	0.067
标准差	1.829	1.816	1.866	1.719	2.613	2.250	2.211	1.873
偏度	−0.446	−0.428	−0.715	−0.720	−0.348	−0.510	−0.700	−0.700
峰度	9.037	7.924	10.592	7.670	6.238	4.544	9.263	5.836
JB 值	1 353.314	907.406	2 168.419	867.599	398.517	124.476	1 496.380	363.379
Q(20)	80.656***	72.981***	109.49***	85.069***	53.574***	44.382***	79.082***	45.270***
ARCH	9.620***	10.574***	19.272***	13.932***	35.144***	19.011***	33.518***	17.784***

注：Q (20) 是 20 阶的 Ljung-Box Q 检验；ARCH 是滞后 10 阶的自相关条件异方差检验；*、**、*** 分别表示 10%、5%、1% 水平显著，下同.

5.2.4　模型与研究方法

如果 ETF 价格序列 f_t 和标的指数价格序列 s_t 之间存在协整关系，那么可以通过误差修正模型来考察 ETF 价格和标的指数价格之间的长期均衡关系与短期变动特征。具体形式如下：

$$\Delta f_t = \beta_{f,0} + \gamma_f ecm_{t-1} + \sum_{j=1}^{k} \beta_{fs,j} \Delta s_{t-j} + \sum_{j=1}^{k} \beta_{ff,j} \Delta f_{t-j} + \varepsilon_{f,t} \qquad (5.8)$$

$$\Delta s_t = \beta_{s,0} + \gamma_s ecm_{t-1} + \sum_{j=1}^{k} \beta_{ss,j} \Delta s_{t-j} + \sum_{j=1}^{k} \beta_{sf,j} \Delta f_{t-j} + \varepsilon_{s,t} \qquad (5.9)$$

由于 Δf_t 和 Δs_t 分别为 ETF 与标的指数的对数收益率，因此方程 (5.8) 和 (5.9) 刻画了 ETF 与标的指数收益率的变动。$\beta_{f,0}$ 和 $\beta_{s,0}$ 是常数项。$\beta_{fs,j}$、$\beta_{ff,j}$、$\beta_{ss,j}$、$\beta_{sf,j}$ 为短期调整系数，k 为滞后阶数，$\varepsilon_{f,t}(\varepsilon_{s,t})$ 为 ETF（标的指数）的残差项。ecm_{t-1} 为 ETF 与标的指数价格协整关系中的误差修正项，代表上一期价格关系偏离长期均衡关系的程度，γ_f 和 γ_s 为误差修正项系数。如果 γ_f（或 γ_s）相对较小，代表当价格关系偏离长期均衡时，ETF 价格（或标的指数价格）对偏离进行调整的倾向较小。也就是说大部分的调整是由标的指数价格（或 ETF 价格）进行，因此，ETF（或标的指数）扮演较重要的价格发现功能。当 ETF 价格高于均衡价格时，ETF 价格应该下降，而现货指数价格应该上升，这样才能使价格关系回复到长期均衡。因此，理论上来说，γ_f 应当为负值，γ_s 应当为正值。

在误差修正模型的基础上，还可以通过格兰杰因果检验说明 ETF 市场和现货指数市场之间的相互引导关系。若式（5.8）中 Δs_{t-j} 的系数不全为零或者误差修正项系数 γ_f 不为零，则 s_t 格兰杰引导 f_t；同样，若式（5.9）中 Δf_{t-j} 的系数不全为零或者误差修正项系数 γ_s 不为零，则 f_t 格兰杰引导 s_t。可以利用 χ^2 统计量对滞后变量的系数进行检验，利用 t 统计量对误差修正项系数进行检验。

由于双变量 TGARCH 模型能够刻画 ETF 市场和现货指数市场的 ARCH 效应、GARCH 效应和非对称的信息冲击（正负冲击）对燃料油 ETF 和现货指数市场的影响，很好地弥补了单变量 EGARCH 模型与 TGARCH 模型的不足。因此本书采用双变量 TGARCH 模型研究 ETF 市场和现货指数市场之间的波动传导关系，并且在模型中引入误差修正项的平方，以考察燃料油 ETF 价格和现货指数价格的偏离对 ETF 和现货指数市场波动的影响，从而更为准确地刻画 ETF 市场与现货指数市场信息之间的内在联系。双变量 TGARCH 模型结构如下：

$$\varepsilon_t = \begin{pmatrix} \varepsilon_{f,\,t} \\ \varepsilon_{s,\,t} \end{pmatrix} \sim N(0,\ H_t \,|\, \Omega_{t-1}) \tag{5.10}$$

$$H_t = \begin{bmatrix} h_{ff,\,t} & h_{fs,\,t} \\ h_{sf,\,t} & h_{ss,\,t} \end{bmatrix} \tag{5.11}$$

$$h_{ff,\,t} = w_f + \varphi_{f,\,1} h_{ff,\,t-1} + \varphi_{f,\,2} \varepsilon_{f,\,t-1}^2 + \varphi_{f,\,3} \varepsilon_{f,\,t-1}^2 I_{f,\,t} + \varphi_{f,\,s} \varepsilon_{s,\,t-1}^2$$
$$+ \varphi_{f,\,ecm} ecm_{t-1}^2 \tag{5.12}$$

$$h_{ss,\,t} = w_s + \varphi_{s,\,1} h_{ss,\,t-1} + \varphi_{s,\,2} \varepsilon_{s,\,t-1}^2 + \varphi_{s,\,3} \varepsilon_{s,\,t-1}^2 I_{s,\,t} + \varphi_{s,\,f} \varepsilon_{f,\,t-1}^2$$
$$+ \varphi_{s,\,ecm} ecm_{t-1}^2 \tag{5.13}$$

其中 $\varepsilon_{f,\,t}$ 和 $\varepsilon_{s,\,t}$ 分别为误差修正模型中式（5.8）和式（5.9）中的残差项，Ω_{t-1} 是到 $t-1$ 期为止的信息集，H_t 为残差的方差-协方差矩阵。在条件方差方程式（5.12）和（5.13）中，w_f 和 w_s 是常数项，ecm_{t-1} 为

误差修正模型中的误差修正项。$\varphi_{f,1}(\varphi_{s,1})$ 衡量了 ETF（现货指数）市场上一期条件方差对市场当期条件方差的影响，即市场的波动聚集效应。$\varphi_{f,2}(\varphi_{s,2})$ 衡量了 ETF（现货指数）市场的条件方差依赖于它前期残差的大小，即 ARCH 效应。$\varphi_{f,3}(\varphi_{s,3})$ 反映前一期正冲击（利好消息）与负冲击（利空消息）对 ETF（现货指数）市场波动的非对称性影响，其中当 $\varepsilon_{i,t-1} < 0$ 时，$I_{i,t}$ 取值为 1；否则取值为 0。$\varphi_{f,3}(\varphi_{s,3})$ 显著非零，说明非对称性影响显著。若 $\varphi_{f,3}(\varphi_{s,3})$ 显著为正，说明负冲击比正冲击更能增加波动性；$\varphi_{f,3}(\varphi_{s,3})$ 显著为负，说明负冲击对波动的增加小于正冲击。这种信息冲击对波动影响的不对称性就是所谓的"杠杆效应（Leverage Effect）"。系数 $\varphi_{f,s}(\varphi_{s,f})$ 衡量了现货指数（ETF）前期残差对当期 ETF（现货指数）市场条件方差的溢出效应，用来说明两个市场间的关系和影响程度。系数 $\varphi_{f,ecm}(\varphi_{s,ecm})$ 衡量了误差修正项即系统偏离长期均衡对 ETF（现货指数）市场条件方差所产生的影响。理论上，当 ETF 和现货指数价格偏离长期均衡时，市场上的套利行为使得 ETF 和现货指数市场的交易更为频繁，从而增加两个市场的波动。因此，理论上 $\varphi_{f,ecm}(\varphi_{s,ecm})$ 应该为正值。

5.2.5 实证结果分析

在进行协整关系检验之前，必须先检验时间序列的平稳性，即检验序列是否服从单位根过程。本书采用常用的单位根检验方法——ADF 检验。表 5.6 的 ADF 检验结果表明，在 1% 的显著水平下，价格序列 f_t 和 s_t 都为非平稳序列，但一阶差分后的序列 Δf_t 和 Δs_t 均为平稳序列。因此，ETF 价格序列和现货指数价格序列都是一阶单整过程。

表 5.6　　　　　　价格序列和对数收益率序列平稳性检验

	f_1	s_1	f_2	s_2	f_3	s_3	f_4	s_4
检验类型	$(c,t,0)$	$(c,t,0)$	$(c,t,0)$	$(c,t,0)$	$(c,t,0)$	$(c,t,0)$	$(c,t,0)$	$(c,t,0)$
ADF 值	-1.814	-1.773	-1.835	-1.794	-2.636	-2.517	-2.377	-2.399
1%临界值	-3.969	-3.969	-3.969	-3.969	-3.969	-3.969	-3.969	-3.969
结论	不平稳	不平稳	不平稳	不平稳	不平稳	不平稳	不平稳	不平稳

表5.6(续)

	Δf_1	Δs_1	Δf_2	Δs_2	Δf_3	Δs_3	Δf_4	Δs_4
检验类型	$(c,0,0)$	$(c,0,0)$	$(c,0,0)$	$(c,0,0)$	$(c,0,0)$	$(c,0,0)$	$(c,0,0)$	$(c,0,0)$
ADF 值	−27.916	−27.892	−23.011	−21.852	−22.248	−21.468	−23.045	−21.479
1%临界值	−3.438	−3.438	−3.438	−3.438	−3.438	−3.438	−3.438	−3.438
结论	平稳	平稳	平稳	平稳	平稳	平稳	平稳	平稳

注：(c,t,p) 为检验类型，参数 c、t、p 分别表示单位根检验方程中是否包括常数项、时间趋势项和滞后阶数.

对于两组或两组以上存在单位根的变量序列，如果它们的线性组合是平稳的，则表明这些变量序列之间存在协整关系。协整关系检验可以判断变量之间是否存在长期稳定的均衡关系。本书应用 Engle 和 Granger（1987）提出的两步法（回归残差法）进行序列 f_t 和 s_t 之间的协整关系检验，即首先以 f_t 为因变量、s_t 为自变量建立线性回归方程，再对回归的残差序列 ecm_t 进行单位根检验。如果残差序列为平稳序列，则 f_t 和 s_t 之间具有协整关系。从表5.7最后一列的检验结果可以看出，残差序列 ecm_t 在 1%的显著性水平下是平稳的，因此 f_t 和 s_t 之间具有协整关系。由此可知，我国燃料油 ETF 市场和现货指数市场之间存在长期均衡关系，燃料油 ETF 市场具有定价效率。表5.7 给出了协整方程的估计结果。

表 5.7　　　　　ETF 价格和现货指数价格协整方程估计结果

	f_1	f_2	f_3	f_4
c	−7.017*** (0.024)	−7.119*** (0.016)	−6.608*** (0.007)	−7.563*** (0.009)
s	1.036** * (0.003)	1.031*** (0.002)	0.955*** (0.001)	0.992*** (0.001)
ecm	平稳	平稳	平稳	平稳

注：（ ）中为估计量的标准差，下同.

在协整基础上进行误差修正模型估计，本书根据 AIC 信息准则，确定向量误差修正模型的最优滞后阶数 k 为2。表5.8 至表5.11 分别给出了上证 50ETF、沪深 300ETF、创业板 ETF、中小板 ETF 误差修正模型的参数估计和格兰杰因果检验结果。表 5.8 结果显示：上证 50ETF 误差修正项系数中的 γ_f 和 γ_s 均为正，且显著。应用 χ^2 统计量对上证 50ETF 价格和现货指数价格之间的格兰杰因果检验的结果说明，ETF 价格和现货指数价格之间存在双向格兰杰因果关系。这说明，ETF 价格和现货指数价格具有双向引导关系。在 ETF 公式中，ETF 滞后 1 期系数显著为正；现货指数价格滞后 1 期和 2 期的系数统计都显著，说明现货指数价格的变动会对 ETF 价格产生影响。在现货指数公式中，ETF 滞后 1 期至 2 期的系数都是显著的，说明 ETF 价格的变动会对现货指数价格产生作用；现货指数滞后 1 期至 2 期的系数统计上显著为负值，说明现货指数具有均值回复特征。

表 5.9 的结果显示：沪深 300ETF 误差修正项系数中的 γ_f 和 γ_s 均为正，但不显著。格兰杰因果检验结果表明：ETF 是现货价格变化的原因。表 5.10 的结果显示：创业板 ETF 中的 γ_f 和 γ_s 均为负，且显著。格兰杰因果检验的结果表明：ETF 价格和现货指数价格之间存在双向格兰杰因果关系。表 5.11 的结果显示：中小板 ETF 中的 γ_f 和 γ_s 均为负，且显著。格兰杰因果检验的结果表明：ETF 价格和现货指数价格之间存在双向格兰杰因果关系。

表 5.8　上证 50ETF 误差修正模型的参数估计及格兰杰因果检验

Panel A：误差修正模型估计结果

Δf_t	$\beta_{f,0}$	γ_f	$\beta_{fs,1}$	$\beta_{fs,2}$	$\beta_{ff,1}$	$\beta_{ff,2}$
	0.000	0.037*	-0.703**	-0.116***	0.749**	0.040
	(0.000)	(0.028)	(0.303)	(0.301)	(0.299)	(0.301)
Δs_t	$\beta_{s,0}$	γ_s	$\beta_{ss,1}$	$\beta_{ss,2}$	$\beta_{sf,1}$	$\beta_{sf,2}$
	0.000	0.042*	-1.160***	-0.292***	1.213***	0.233*
	(0.000)	(0.028)	(0.300)	(0.300)	(0.294)	(0.300)

Panel B：Granger 因果检验

零假设 H_0	χ^2 统计量	概率值
$\beta_{fs,1} = \beta_{fs,2} = 0$	4.890***	0.008
$\beta_{sf,1} = \beta_{sf,2} = 0$	10.832***	0.000

表 5.9   沪深 300ETF 误差修正模型的参数估计及格兰杰因果检验

Panel A：误差修正模型估计结果

Δf_t	$\beta_{f,0}$	γ_f	$\beta_{fs,1}$	$\beta_{fs,2}$	$\beta_{ff,1}$	$\beta_{ff,2}$
	0.000	0.026	−0.032	0.292*	0.099	−0.393**
	(0.000)	(0.044)	(0.181)	(0.174)	(0.165)	(0.163)
Δs_t	$\beta_{s,0}$	γ_s	$\beta_{ss,1}$	$\beta_{ss,2}$	$\beta_{sf,1}$	$\beta_{sf,2}$
	0.000	0.048	−0.290*	0.092***	0.366**	−0.163
	(0.000)	(0.041)	(0.0267)	(0.160)	(0.152)	(0.149)

Panel B：Granger 因果检验

零假设 H_0	χ^2 统计量	概率值
$\beta_{fs,1} = \beta_{fs,2} = 0$	1.147	0.318
$\beta_{sf,1} = \beta_{sf,2} = 0$	6.072***	0.002

表 5.10   创业板 ETF 误差修正模型的参数估计及格兰杰因果检验

Panel A：误差修正模型估计结果

Δf_t	$\beta_{f,0}$	γ_f	$\beta_{fs,1}$	$\beta_{fs,2}$	$\beta_{ff,1}$	$\beta_{ff,2}$
	0.001	−0.306**	0.021	0.170	0.075	−0.202*
	(0.000)	(0.079)	(0.145)	(0.138)	(0.127)	(0.122)
Δs_t	$\beta_{s,0}$	γ_s	$\beta_{ss,1}$	$\beta_{ss,2}$	$\beta_{sf,1}$	$\beta_{sf,2}$
	0.001	−0.117*	0.032	−0.017	0.092	−0.051
	(0.000)	(0.068)	(0.126)	(0.120)	(0.110)	(0.105)

Panel B：Granger 因果检验

零假设 H_0	χ^2 统计量	概率值
$\beta_{fs,1} = \beta_{fs,2} = 0$	11.095***	0.000
$\beta_{sf,1} = \beta_{sf,2} = 0$	3.079**	0.000

表 5.11　　中小板 ETF 误差修正模型的参数估计及格兰杰因果检验

Panel A：误差修正模型估计结果

Δf_t	$\beta_{f,0}$	γ_f	$\beta_{fs,1}$	$\beta_{fs,2}$	$\beta_{ff,1}$	$\beta_{ff,2}$
	0.001	−0.486***	−0.269*	0.216*	0.364**	−0.253*
	(0.001)	(0.105)	(0.142)	(0.137)	(0.124)	(0.120)
Δs_t	$\beta_{s,0}$	γ_s	$\beta_{ss,1}$	$\beta_{ss,2}$	$\beta_{sf,1}$	$\beta_{sf,2}$
	0.001	−0.130*	−0.091	0.111	0.207*	−0.161*
	(0.001)	(0.090)	(0.122)	(0.118)	(0.107)	(0.103)

Panel B：Granger 因果检验

零假设 H_0	χ^2 统计量	概率值
$\beta_{fs,1} = \beta_{fs,2} = 0$	20.481***	0.000
$\beta_{sf,1} = \beta_{sf,2} = 0$	5.473**	0.004

　　表 5.12 给出了上证 50ETF、沪深 300ETF、创业板 ETF、中小板 ETF 的双变量 TGARCH 模型的估计结果。从表中可以看出，四只 ETF 收益率的 GARCH 项和 ARCH 项系数在 1% 水平下均显著，说明 ETF 收益率存在明显的波动聚集效应。在检验消息对收益率冲击的不对称效应中，只有中小板和创业板 ETF 及其现货指数的 $\varphi_{f,3}$、$\varphi_{s,3}$ 显著为负，说明创业板和中小板的 ETF 及其现货指数市场存在"杠杆效应"，好消息能比坏消息产生更大的波动，也就是说市场对好消息反应敏感，对坏消息反应迟钝。关于 ETF 市场和现货指数市场之间的波动溢出效应，除了沪深 300ETF 以外，其他三只 ETF 的 $\varphi_{f,s}$ 显著为正值，说明现货指数市场的一阶滞后标准误差对 ETF 市场的波动具有显著的正向冲击，现货指数市场对 ETF 市场存在波动溢出效应，且现货指数市场的前期波动对 ETF 市场的当期波动起到显著增强的作用。沪深 300ETF 和创业板 ETF 的 $\varphi_{s,f}$ 显著为正，说明 ETF 市场的一阶滞后标准误差对现货指数市场的波动有显著影响，ETF 市场对现货指数市场存在显著波动溢出效应。另外，系数 $\varphi_{f,ecm}$ 和 $\varphi_{s,ecm}$ 都不显著，说明误差修正项对方差不具有解释作用。

表 5.12 四只 ETF 双变量 TGARCH 模型估计结果

上证 50ETF

$h_{ff,\,t}$	w_f	$\varphi_{f,\,1}$	$\varphi_{f,\,2}$	$\varphi_{f,\,3}$	$\varphi_{f,\,s}$	$\varphi_{f,\,ecm}$
	0.000***	−0.229***	0.129***	0.007	0.606***	−0.051***
	(0.000)	(−3.007)	(0.038)	(0.372)	(0.184)	(0.008)

$h_{ss,\,t}$	w_s	$\varphi_{s,\,1}$	$\varphi_{s,\,2}$	$\varphi_{s,\,3}$	$\varphi_{s,\,f}$	$\varphi_{s,\,ecm}$
	0.000	0.056**	0.022	−0.057	0.421	−0.044***
	(0.000)	(0.275)	(0.132)	(0.048)	(0.085)	(0.014)

沪深 300ETF

$h_{ff,\,t}$	w_f	$\varphi_{f,\,1}$	$\varphi_{f,\,2}$	$\varphi_{f,\,3}$	$\varphi_{f,\,s}$	$\varphi_{f,\,ecm}$
	0.000***	−0.019***	0.022***	−0.002	0.959***	−0.002
	(0.000)	(0.006)	(0.007)	(0.003)	(0.140)	(0.002)

$h_{ss,\,t}$	w_s	$\varphi_{s,\,1}$	$\varphi_{s,\,2}$	$\varphi_{s,\,3}$	$\varphi_{s,\,f}$	$\varphi_{s,\,ecm}$
	0.000	0.009	−0.010	0.003	1.003***	−0.002
	(0.000)	(0.006)	(0.006)	(0.003)	(0.154)	(0.003)

创业板 ETF

$h_{ff,\,t}$	w_f	$\varphi_{f,\,1}$	$\varphi_{f,\,2}$	$\varphi_{f,\,3}$	$\varphi_{f,\,s}$	$\varphi_{f,\,ecm}$
	0.000*	0.928***	0.092***	−0.077***	−0.001***	0.063
	(0.000)	(0.019)	(0.024)	(0.023)	(0.000)	(0.047)

$h_{ss,\,t}$	w_s	$\varphi_{s,\,1}$	$\varphi_{s,\,2}$	$\varphi_{s,\,3}$	$\varphi_{s,\,f}$	$\varphi_{s,\,ecm}$
	0.000*	0.935***	0.088***	−0.074***	0.000***	0.028
	(0.000)	(0.020)	(0.028)	(0.028)	(0.000)	(0.025)

中小板 ETF

$h_{ff,\,t}$	w_f	$\varphi_{f,\,1}$	$\varphi_{f,\,2}$	$\varphi_{f,\,3}$	$\varphi_{f,\,s}$	$\varphi_{f,\,ecm}$
	0.000	0.508***	−0.222***	−0.011**	0.458***	0.078
	(0.000)	(0.038)	(0.002)	(0.005)	(0.036)	(0.048)

$h_{ss,\,t}$	w_s	$\varphi_{s,\,1}$	$\varphi_{s,\,2}$	$\varphi_{s,\,3}$	$\varphi_{s,\,f}$	$\varphi_{s,\,ecm}$
	0.000**	0.931***	0.087***	−0.054*	−0.001	0.000
	(0.000)	(0.016)	(0.023)	(0.028)	(0.000)	(0.023)

5.2.6　本节小结

本节使用四只 ETF 和现货指数日度价格数据，借助向量误差修正模型、格兰杰因果检验、双变量 TGARCH 模型，刘我国 ETF 与其现货指数之间的价格发现和波动溢出效应进行了深入研究。主要结论有：

（1）上证 50ETF、创业板 ETF、中小板 ETF 这三只 ETF 的价格和现货指数价格之间存在长期均衡关系和短期的双向引导关系；沪深 300ETF 在沪深 300ETF 及其指数的价格发现中起主导作用。这一结论说明我国 ETF 市场经过多年的发展，ETF 市场与现货指数市场之间已形成良好的互动关系。

（2）除沪深 300ETF 外，其他三只 ETF 市场存在显著的杠杆效应，现货指数市场的新信息对 ETF 市场具有正向的冲击。沪深 300ETF 和创业板 ETF 对现货指数的波动具有显著影响。

由此可以看出，我国 ETF 市场经过多年的发展，市场运行良好，价格发现功能已经显现。我国应该坚持发展，鼓励创新，引导我国 ETF 市场健康发展并成为我国资本市场重要的组成部分。但是从 ETF 市场和现货指数市场之间的波动溢出效应结果来看，我国 ETF 市场和现货指数市场之间的非价格因素的信息传递还不明显，因此要进一步规范我国 ETF 市场和现货指数市场，扩大市场信息披露的范围和途径，完善市场间的信息流通渠道。

5.3　ETF 与传统指数基金的替代效应分析

5.3.1　引言

与指数基金相比，ETF 具有交易成本低廉、信息透明、交易便捷等优势。自 1993 年被引入市场以来，ETF 逐渐成为全球投资者进行指数化投资的主要工具之一。ETF 的引入加大了指数化产品市场的竞争，一些学者如 Poterba 和 Shoven （2002）、Kostovetsky （2003）、Huang 和 Guedj （2009）等认为，具有更高运行效率的 ETF 将会替代传统的指数基金。Agapova（2011）针对美国市场的研究表明，美国市场的指数基金与 ETF 确实存在一定的替代关系。

图 5.2 是 2003—2015 年我国股票型 ETF、开放式股票基金与指数型股票基金的资产净值变化图。从图 5.2 中可以看出：三类股票型基金在波动中快速增长，受次贷危机影响，三类股票型基金在 2007 年达到阶段性高点以后，快速下降，但 2009 年以后发展更为强劲。受 2015 年股灾影响，股票型 ETF 与指数型基金有所下降，但从整个样本期间来看，我国股票型 ETF 一直稳步增长，初期发展较为缓慢，2009 年以后进入快速发展期。我国开放式股票基金在 2003—2015 年实现了跨越式发展，2003 年其资产净值为 73.25 亿元，2015 年资产净值为 7 583.59亿元，12 年增长了近 100 倍。从图中可以看出，指数型股票基金与开放式股票基金走势相一致。我国开放式股票基金九成是由指数型股票基金构成的，仅 2015 年指数型股票基金的占比略有下降，约为 70%。股票型 ETF 从无到有，2003 年的资产净值为 54.15 亿元，2015 年资产净值为 1 812.53 亿元，增长了 33 倍。2015 年股票型 ETF 的资产净值占全部开放式股票基金资产净值的 24%。目前我国所有的股票型 ETF 均是指数型的，2015 年股票型 ETF 的资产净值占所有指数型股票基金的 34%。

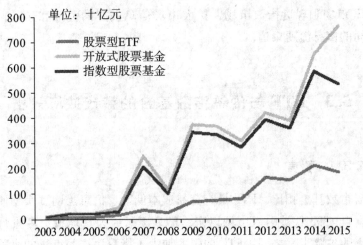

图 5.2　股票型 ETF、开放式股票基金、指数型股票基金资产净值变化图

数据来源：Wind 数据库 http://www.wind.com.cn/.

图 5.2 显示，我国股票型 ETF 与指数基金呈齐头并进的发展态势。随着我国 ETF 市场的快速发展，投资者对 ETF 的认可度也越来越高，那么这二者之间存在怎样的关系，是相互替代还是互补呢？在构建相关模型的基础上，本书拟通过中国 ETF 市场与指数基金的实际数据对这两者之间的关系进行实证检验，以期更好地认识这两种产品，为我国 ETF 产品未来的发展提供一定的实证支持，也为投资者和监管部门提供一定的决策借鉴。

5.3.2 文献综述

已有大量的文献对开放式基金进行研究，研究的重点包括业绩表现、基金结构、市场影响、投资者行为等（Carhart，1997；Sirri & Tufano，1998；Edelen，1999；Kacperczyk et al.，2011）。相比而言，对 ETF 的相关研究还比较少。

Gastineau（2004）采用 Blume 和 Edelen（2003，2004）的交易策略，分析了 ETF 与传统指数基金相对于基准指数的业绩表现。结果表明：传统指数基金能够超越其基准指数以及跟踪相似指数的 ETF。Gastineau（2004）认为，ETF 的结构性缺陷（无法进行红利再投资）是造成传统指数基金表现优于 ETF 的主要原因。Elton 等（2002）以 SPDR（Standard & Poor Depositary Receipt）为研究对象，探讨了 ETF 相对于基准指数的业绩表现。研究发现：SPDR 的二级市场价格与其一级市场净值非常接近，而且 SPDR 的表现超过 S&P 500 指数以及一些低成本的指数基金。Kostovetsky（2003）基于投资者交易偏好、税收等因素，比较了传统指数基金与 ETF 这两种被动型投资方式，发现二者的差异主要在于管理费、税收有效性、交易便利性等。Guedj 和 Huang（2008）通过比较 ETF 与传统指数基金的流动性差异，探讨 ETF 是否具有更优的组织结构。Guedj 和 Huang（2008）构造了一个均衡模型。理论分析表明：传统指数基金更适合风险厌恶投资者，因为传统指数基金里隐含了对抗未来流动性冲击的部分保险功能。作者还发现，对于传统指数基金与 ETF，所有投资者的交易成本是一样的，但资产配置成本不一样。

国内研究方面，大量的文献主要针对 ETF 的市场表现进行研究，探讨 ETF 的跟踪误差、折溢价表现等。张英奎等（2013）对上证 50ETF

的跟踪误差进行研究，发现上证 50ETF 的跟踪误差较高，ETF 基金费率在上证 50ETF 的跟踪误差中占的比重很小，跟踪误差更多地来源于复制产生的误差。王良和冯涛（2012）对我国 ETF 基金价格"已实现"波动率与跟踪误差之间的因果关系进行检验。实证分析表明，这二者之间存在因果关系：当 ETF 基金的跟踪误差受外部市场条件的某一冲击后，将给 ETF 基金价格"已实现"波动率带来同向的冲击，这一冲击具有一定的持续性和滞后性。陈家伟和田映华（2005）通过对 ETF 套利交易机制的分析，探讨了 ETF 跟踪误差产生的原因。

综上所述，目前国内还未有学者对 ETF 与传统指数基金之间的关系进行探讨，而对这两种产品相互关系的探讨，有助于我们更好地认识这两种产品。本书通过构建面板回归模型，分析跟踪同一指数的传统指数基金和 ETF 之间的净现金流流入的相互关系，以探讨这两种产品之间的相互关系。

5.3.3 数据说明与变量定义

（1）数据说明

我国最早的指数基金是 2002 年上市的华安创新基金，第一只 ETF 上证 50ETF 于 2004 年 12 月推出。由于 2005 年以后才有 ETF 的完整数据，因此本书的样本期限为 2005 年 1 月至 2016 年 6 月，数据为季度数据。所有数据均来自 Wind 数据库。本书将研究样本限定为追踪同一指数的 ETF 和传统指数基金。鉴于 ETF 联接型基金和增强型指数基金的投资范式与传统指数基金差别较大，本书剔除了 ETF 联接基金、指数增强型基金。为保证数据的有效性并消除异常样本对研究结论的影响，本书利用 Winsorize 方法对 1% 和 99% 的异常值进行截尾处理。

表 5.13 是跟踪同一指数的传统指数基金与 ETF 数量的统计（具体的列表见附录 1）。表 5.13 显示：沪深 300 指数和中证 500 指数是跟踪指数基金最多的两个指数，之后是上证 50 指数、深证 100 指数和创业板指数。其他的一些指数跟踪的指数基金和 ETF 数量仅为 1。

表 5.13 跟踪同一指数的传统指数基金与 ETF 数量（截至 2016 年 6 月）

跟踪指数	传统指数基金数量（只）	ETF 数量（只）
沪深 300 指数	16	7
中证 500 指数	6	9
上证 50 指数	5	3
深证 100 指数	5	1
创业板指数	4	2
深圳成指	2	2
中小板指数	2	1
深证 300 指数	2	1
上证综指	1	1
上证 180 指数	1	1
沪深 300 等权重	1	1
中小板 300	1	1
深证 TMT50 指数	1	1
合计	47	31

（2）变量定义

① TNA：基金规模，使用基金资产净值度量。单位：亿元。

② $LTNA$：TNA 的自然对数。本书将传统指数基金、ETF 的 $LTNA$ 分别记为 CF_LTNA 和 ETF_LTNA。

③ $Flow$：基金净现金流流入。参照 Schwarz（2012）；Pollet 和 Wilson（2008），使用基金净资产增长速度度量基金的净现金流流入，并按照基金期间实际回报率 r_t 对基金规模进行调整。具体公式如下：

$$Flow_t = \frac{TNA_t - TNA_{t-1}(1 + r_t)}{TNA_{t-1}(1 + r_t)} \tag{5.14}$$

其中 r_t 是每只基金在 t 期的单位净值收益率。本书将传统指数基金净现金流流入记为 $FlowCF_{i,t}$（Flow to Conventional Funds），将 ETF 净现金流流入记为 $FlowETF_{i,t}$（Flow to ETFs）。

④ $NetRet$：基金净值的对数收益率。本书将传统指数基金收益率记为 CF_NetRet、ETF 收益率记为 ETF_NetRet。

⑤ *IndexRet*：跟踪指数的对数收益率。

⑥ *Exp*：基金费率，基金管理费用与托管费用之和。

⑦ *TE*：跟踪误差（Tracking Error）。Roll（1992）提出了三种指数基金跟踪误差的计算方法：绝对值法、标准差法和回归残差法，其中绝对值法和标准差法是最为常用的方法。本书采用绝对值法计算跟踪误差，计算公式如下：

$$TE = |NetRet - IndexRet| \tag{5.15}$$

5.3.4　实证检验及结果

（1）描述性统计

表 5.14 列出了 47 只指数与 31 只 ETF 的资产净值、基金费率。从表中可以看出，ETF 的费用较传统指数基金低廉很多。总体来看，大部分指数所对应的 ETF 的资产净值远高于传统指数基金规模，如沪深 300 指数、中证 500 指数、深证 100 指数等规模指数。

表 5.14　跟踪同一指数的传统指数基金与 ETF 统计

跟踪指数	传统指数基金		ETF	
	资产净值（亿元）	基金费率	资产净值（亿元）	基金费率
上证综指	43.34	0.9	3.04	0.6
上证 180 指数	37.39	0.6	72.28	0.6
上证 50 指数	3.25	0.94	60.66	0.53
沪深 300 指数	14.08	0.96	106.36	0.6
中证 500 指数	4.81	1.02	15.47	0.63
沪深 300 等权重	2.23	0.9	1.78	0.6
深圳成指	16.93	1.2	18	0.6
中小板指数	5.71	1.22	33.03	0.6
创业板指数	13.57	0.91	9.4	0.6
深证 300 指数	1.15	0.9	1.68	0.6
中小板 300	0.47	1.22	5.4	0.6
深证 100 指数	19.13	1.07	105.43	0.6
深证 TMT50 指数	4.52	1.2	2.09	0.6

　　表 5.15 是样本标的追踪误差统计，价值加权按照每只基金的资产净值进行加权。表 5.15 显示：不管是等权重还是价值加权，传统指数基金和 ETF 的跟踪误差都显著不等于 0；规模越大的指数基金和 ETF 的跟踪误差越小。

表 5.15　　跟踪同一指数的传统指数基金与 ETF 跟踪误差统计

	等权重				价值加权			
	传统指数基金		ETF		传统指数基金		ETF	
	均值	$u \neq 0$	均值	$u \neq 0$	均值	$u \neq 0$	均值	$u \neq 0$
上证综指	0.001 23	**	0.001 65	***	0.001 23	***	0.001 65	***
上证 180 指数	0.002 17	**	0.003 21	***	0.002 17	***	0.003 21	***
上证 50 指数	0.001 31	***	0.001 05	***	0.001 01	***	0.000 904	***
沪深 300 指数	0.001 02	***	0.000 84	***	0.000 96	***	0.000 75	***
中证 500 指数	0.001 12	***	0.000 87	***	0.001 02	***	0.000 79	***
沪深 300 等权重	0.003 21	***	0.003 23	***	0.003 21	***	0.003 23	***
深圳成指	0.001 78	***	0.001 01	***	0.001 68	***	0.000 87	***
中小板指数	0.001 72	***	0.001 43	***	0.001 32	***	0.001 43	***
创业板指数	0.001 37	***	0.001 07	***	0.001 24	***	0.000 96	***
深证 300 指数	0.002 38	***	0.001 89	***	0.002 12	***	0.001 89	***
中小板 300	0.001 35	***	0.001 32	***	0.001 35	***	0.001 32	***
深证 100 指数	0.001 46	***	0.001 56	***	0.001 36	***	0.001 56	***
深证 TMT50 指数	0.002 56	***	0.002 43	***	0.002 56	***	0.002 43	***

（2）回归分析

　　检验传统指数基金与 ETF 替代效应的最有效的方法是利用个人投资者账户数据进行分析，但是，由于个人投资者账户数据不可得，因此在以下的实证分析中，我们假设一个代表性的投资者。利用传统指数基金和 ETF 基金现金流流入的变化来探讨二者之间的关系。回归模型如下：

$$FlowCF_{i,t} = \alpha_{i,t} + \beta_1 FlowETF_{i,t} + \beta_2 FlowETF_{i,t-1} + \beta_3 FlowCF_{i,t-1}$$
$$+ \beta_4 IndexRet_{i,t-1} + \beta_5 CF\_Ret_{i,t} + \beta_6 CF\_Ret_{i,t-1}$$
$$+ \beta_{10} CF\_LTNA_{i,t} + \varepsilon_{i,t} \tag{5.16}$$

$$FlowETF_{i,t} = \alpha_{i,t} + \beta_1 FlowCF_{i,t} + \beta_2 FlowETF_{i,t-1} + \beta_3 FlowCF_{i,t-1}$$
$$+ \beta_4 IndexRet_{i,t-1} + \beta_5 ETF\_Ret_{i,t} + \beta_6 ETF\_Ret_{i,t-1}$$
$$+ \beta_{10} ETF\_LTNA_{i,t} + \varepsilon_{i,t} \qquad (5.17)$$

变量说明见前文所述。若式（5.16）和（5.17）中的 β_1 均为正，则不能拒绝传统指数基金和 ETF 是互补品的假设；若（5.16）和（5.17）式中的 β_1 至少有一个为负，则拒绝传统指数基金和 ETF 是互补品的假设，说明二者之间是相互替代的。

为了控制内生性，我们采用类似无关回归方法（Seemingly Unrelated Regression，SUR）进行回归，本书同样给出了普通最小二乘法的估计结果。考虑到不同基金可能具有一些无法观测到的特征，为控制该特征对基金业绩的影响，本书的面板回归分析中包括了年度和跟踪指数的虚拟变量。

回归结果见表 5.16。从表 5.16 中可以看出：不管是普通 OLS 还是 SUR 回归，传统指数基金和 ETF 的 β_1 均为负，且都在 1% 显著水平下显著。因此，我们可以拒绝原假设，也就是说 ETF 与传统指数基金互为替代。另外，基金的历史收益（基金对数收益率的滞后项）、基金规模的回归系数均为正，且在 5% 显著水平下显著，说明基金的历史收益、基金规模与基金现金流流入正相关，也就是说表现越好、规模越大的基金会吸引越多的资产流入。

表 5.16　　　　　　　　　　净现金流流入回归结果

	FlowCF		FlowETF	
	OLS	SUR	OLS	SUR
截距项	−130.50(−0.41)	−155.03(−0.52)	302.30(0.23)	284.31(0.39)
$FlowETF_t$	−0.201***(−9.23)	−0.256***(−10.12)		
$FlowETF_{t-1}$	0.001(0.020)	0.011(0.036)	0.065*(2.01)	0.081*(2.16)
$FlowCF_t$			−0.618***(−5.65)	−0.927***(−8.34)
$FlowCF_{t-1}$	0.121**(3.17)	0.197**(3.32)	−0.011(−0.002)	0.003(0.031)
$IndexRet_{t-1}$	−64.731(−0.01)	−134.212(−0.03)	−300.210(−0.321)	−403.452(−0.388)
ETF_Ret_t			324.194**(3.97)	352.145**(3.92)
ETF_Ret_{t-1}			278.391*(2.97)	312.858*(2.72)
CF_Ret_t	78.476*(2.48)	81.321*(2.68)		

表5.16(续)

	FlowCF		FlowETF	
	OLS	SUR	OLS	SUR
CF_Ret_{t-1}	88.456*(2.52)	91.234*(2.71)		
ETF_LTNA_t			12.331(1.23)	14.567*(2.38)
CF_LTNA_t	1.320*(1.99)	1.438*(2.02)		
Obs	5 109	5 109	5 109	5 109
R^2	0.32	0.36	0.17	0.31
年份	控制	控制	控制	控制
指数	控制	控制	控制	控制

注：括号里为 t 值. *、**、*** 分别表示在10%、5%、1%显著水平下显著.

5.3.5　本节小结

利用 2005—2015 年跟踪同一指数的 47 只传统指数基金和 37 只 ETF 的季度数据，探讨我国传统指数基金和 ETF 这两类非常相似的指数化产品之间的替代关系。研究结果表明，传统指数基金与 ETF 存在替代关系，ETF 基金净现金流的增长会降低传统指数基金净现金流流入，反之亦然；但二者并非完美替代，ETF 并不能完全取代指数基金。

5.4　市场流动性与 ETF 资金流关系分析

5.4.1　引言

ETF 兼具封闭式基金和开放式基金的特点，既可以在二级市场自由买卖，又可以在一级市场申购和赎回，为投资者提供了一种可以实时买卖一揽子股票的投资产品。而且 ETF 还具有交易费用低廉（无印花税、申赎费率较开放式指数基金低）、投资透明的优势。由于 ETF 诸多优良的制度设计，ETF 自诞生之日起，就受到世界各国投资者的追捧，成为全球金融市场上最受瞩目的金融创新之一，其资产规模迅速扩大。我国 A 股市场于 2005 年 2 月推出中国首只 ETF 即上证 50ETF，此后我国

ETF 市场快速发展。截至 2015 年 12 月，沪深两市上市交易的 ETF 共有 124 只，资产管理规模超过 2 000 亿元。

目前，国内学者对 ETF 的研究主要集中在定价或追踪误差方面，对 ETF 资产流的研究还比较少。与 ETF 定价指标相比，ETF 资产流更能准确地反映投资者对 ETF 的实际需求，从而有助于学术界深入理解 ETF 投资者的投资动机。与开放式基金相比，目前我国 ETF 全部都是指数型基金，采用完全复制标的指数的被动式投资策略，其日常资产管理主要由计算机程序执行，基金经理能力并不会对 ETF 的业绩和资金流量产生重要影响，这将有助于避免因基金经理能力控制变量缺失而导致的模型内生性问题（杨墨竹，2013）。因此，ETF 为我们提供了一个更为"洁净"的实证环境。由于大多数 ETF 都以市场指数为追踪目标，因此 ETF 的资金流经常被实务界用来预测市场未来走势。那么哪些因素影响了 ETF 资金的流入、流出？作为反映市场运行最重要的变量——市场流动性与 ETF 资产流之间是否存在内在联系，这种内在联系的表现形式是怎样的？

与其他资产不同，ETF 同时有一级市场和二级市场，因此，ETF 具有两个流动性即一级市场流动性和二级市场流动性。一级市场流动性是指 ETF 能够快速申购和赎回的能力，通常与跟踪指数成份股的流动性有关；二级市场流动性即通常所说的市场流动性是指迅速实现交易的难易程度和交易的成本。那么这两个流动性是否影响了 ETF 资金的流入、流出？另外，机构投资者是我国 ETF 市场的主要投资者，那么市场流动性是机构投资者考虑持有 ETF 的主要因素吗？不同的流动性来源（一级市场流动性、二级市场流动性）对不同类型投资者（机构投资者、个人投资者）的 ETF 需求的影响如何？

与实务界的应用相比，市场流动性与 ETF 资金流、ETF 投资者持有比例之间的关系还未引起学术界的足够重视，有进一步研究的必要。基于此，本书以上证 50ETF 为研究对象，探讨市场流动性与 ETF 资金流、投资者持有基金份额比例之间的关系。对上述问题的回答不仅有助于加深理论界对 ETF 资金流与股票市场内在联动机制的理解，而且也为实务界利用 ETF 作为市场的价格发现功能预测市场收益提供了理论依据。

5.4.2 文献综述

目前，对开放式基金资金流的研究汗牛充栋，从研究内容上看，大致可以分为两类。一是研究开放式基金资金流的影响因素。Sirri 和 Tufano（1998）、Berk 和 Green（2002）、Cooper 等（2005）、Frazzini 和 Lamout（2008）等国外学者发现，开放式基金的历史业绩会对基金资产流量产生正向影响，而基金投资者呈现正反馈效应或业绩追逐特征。但国内的一些学者认为，我国开放式基金的历史业绩会对其资产流量产生负向影响，即存在所谓的开放式基金"异常赎回"现象。陆蓉（2007）发现中国开放式基金的业绩及资金流动的关系与成熟市场不同，呈现负相关关系且为凹形，面临赎回压力较大的是业绩良好的基金而不是业绩较差的基金。二是研究开放式基金资金流对资产收益的影响。Edelen（1998）、Keim（1999）、Lee 等（1991）认为资金流量引起的"价格压力"会对资产收益产生影响。还有一些学者认为开放式基金投资者大多属于非理性的噪声交易者，他们比较容易受到市场情绪的影响，因此资金流量对市场收益的影响可能是因为投资者情绪变动而间接引起的，如 Brown 等（2005）、Frazzini 和 Lamont（2008）。

目前对 ETF 资金流的研究还比较少，大量对 ETF 的研究主要集中在定价方面，如价格发现功能（Hasbrouck，2003；肖倬和郭彦峰，2010；王良和冯涛，2010；陈莹等，2014）、ETF 的定价效率（Charupat & Miu，2011）、ETF 上市对市场质量的影响（郭彦峰等，2007）、ETF 套利及期现套利（刘伟等，2009）等方面。

Amihud 和 Mendelson（1986）认为，在均衡状态下，实行报价驱动交易制度的证券市场存在"客户效应"（Clientele Effect），即投资者会主动挑选流动性小和交易成本大的资产于长期的投资组合中。由于受到收入冲击（Lynch & Tan，2011）、外部流动性冲击（Huang，2003），或者为了对冲不交易的风险头寸（Lo et al.，2004），投资者可能特别容易被更有流动性的 ETF 所吸引。Ben 等（2014）发现 ETF 会将流动性冲击传染至标的成份股市场。杨墨竹（2013）对 A 股市场 ETF 总资金流与市场收益的关系进行了研究。实证结果表明，负反馈交易假说和套期保值假说能够解释市场收益对 ETF 总资金流的影响；而对于 ETF 总资金流对市场收益的影响，金融危机前主要由价格压力假说间接解释，金融危机后则由投资者情绪假说所解释，资本市场总资金量和 ETF 投资者结构的变动是导致上述差异产生的主要原因。Broman 和 Shum（2014）指出，高流动性的 ETF，特别是那些流动性比标的成份股的流动性还要好的 ETF，更容易吸引短期投资者。他们发现，流动性是周和月基金净现金流流入的决定因素，但不是季度基金净现金流流入的决定因素；他们还发现，投资者买卖 ETF 份额的行为与 ETF 流动性有关，与长期投资者相比，ETF 对短期投资者更为重要。Broman（2016）发现，风格相近的 ETF，联动性会更强，特别是那些具有更高流动性需求特征的 ETF 之间的超额联动性会更强。

5.4.3 变量定义与数据说明

5.4.3.1 变量定义

（1）ETF 基金净现金流流入（Flow of Funds）$Flow_t$。

借鉴国内学者陆蓉等（2007）和王擎等（2010）的研究方法，我们使用基金净资产增长速度来度量基金的净现金流流入。具体公式如下：

$$Flow_t = \frac{\sum_{d=1}^{N_t}(SHR_d - SHR_{d-1})NAV_d}{AUM_{t-1}} = \frac{\sum_{d=1}^{N_t}(AUM_d - AUM_{d-1}(1 + r_d))}{AUM_{t-1}}$$

（5.18）

其中 SHR_d 为 50ETF 在 d 日的流通份额；NAV_d 为 50ETF 在 d 日的基金净值；AUM_{t-1} 为期末（周或月、季）的基金资产净值，等于期末基金份额与期末基金净值的乘积，r_d 是每只 ETF 在期末的单位净值收益率。$Flow_t$ 表示 50ETF 在 t 期期末的资产净流入。当 $Flow_t$ 为正（负）时，表示基金净流入（净流出）。N_t 是基金每周或每月或每季或每半年的有效交易日天数。

（2）流动性指标 LIQ_t。

流动性是 ETF 市场发展的源动力所在。与其他证券不同，由于 ETF 独特的申购赎回机制以及二级市场交易机制，因此 ETF 市场存在两种流动性：一级市场流动性（Primary Market Liquidity）和二级市场流动性（Secondary Market Liquidity）。一级市场流动性是指一揽子股票快速申购或赎回的能力，一级市场流动性的好坏取决于标的成份股的流动性，这是 ETF 市场隐含的流动性（Implied Liquidity）。二级市场流动性即通常所说的市场流动性（Market Liqudity），是指迅速实现交易的难易程度和交易的成本，根据交易是否已经发生，市场流动性可分为已实现市场流动性和潜在市场流动性。已实现市场流动性指标是在交易已经发生后侦测到的交易行为对资产价格的冲击；潜在市场流动性指标是事前概念，用来评估交易对收益率可能产生的影响。

借鉴 Broman 和 Shum（2015）的方法，我们用 ETF 的申购赎回变化来衡量一级市场流动性；用 Amihud 非流动性指标、换手率来衡量 ETF 和个股的市场流动性。

① 一级市场流动性（申购赎回行为）。

$$CREATE_t = \frac{1}{N_t} \sum_{d=1}^{N_t} \frac{|SHR_d - SHR_{d-1}|}{SHR_{d-1}} \qquad (5.19)$$

$CREATE_t$ 衡量了 ETF 一级市场的流动性，$CREATE_t$ 的值越大，ETF 对投资者的吸引力越大，因为当标的资产流动性充足时，新的 ETF 份额可以满足更多的需求，从而降低对二级市场的冲击。

② ETF 与成份股的市场流动性。

Amihud（2002）用证券每日价格变动与交易量的比值作为流动性的代理变量。具体公式如下：

$$AMIHUD_t = \frac{1}{N_t} \sum_{d=1}^{N_t} \frac{|R_d|}{DVOL_d}) \qquad (5.20)$$

其中，$|R_d|$ 是 50ETF 或 50 指数成份股每日收益率的绝对值；$DVOL_d$ 是 50ETF 或 50 指数成份股的每日成交金额（以亿元计）。$AMIHUD_t$ 反映每单位成交金额所引起的价格变化，$AMIHUD_t$ 越大，反映该资产的流动性越差。

ETF 或个股的换手率定义如下：

$$TO_t = \ln(\frac{1}{N_t} \sum_{d=1}^{N_t} \frac{VOL_d}{SHR_d}) \qquad (5.21)$$

其中，VOL_d 是 ETF 或个股收盘价第 d 日的成交量。

③ ETF 与成份股的相对流动性。

我们首先按公式（5.20）或公式（5.21）计算每一只成份股的 Amihud 流动性指标或者换手率，再根据 ETF 一揽子证券的权重进行加权平均得到成份股市场总的流动性，分别记为 $SAMIHUD_{i,t}$ 或 STO_t。

我们将 ETF 的 Amihud 非流动性指标和换手率分别记为 *ETF_AMIHUD* 和 *ETF_TO*，定义 ETF 与成份股市场的相对流动性。具体公式如下：

$$REL(AMIHUD_t) = SAMIHUD_t / ETF\_AMIHUD_t \qquad (5.22)$$

$$REL(TO_{i,t}) = STO_t / ETF\_TO_t \qquad (5.23)$$

（3）机构持有 ETF 的比例。

（4）控制变量。

① ETF 基金折溢价率：$PRE_t = \ln(P_t) - \ln(NAV_t)$，其中 PRE_t、P_t、NAV_t 分别为 ETF 第 t 日的折溢价率、收盘价、净值。

② ETF 收益率：$ETFR_t = \ln(P_t) - \ln(P_{t-1})$，即 ETF 第 t 日的对数收益率。

③ ETF 的净资产规模 *AUM*，等于期末基金份额与期末基金净值的乘积，我们对其进行自然对数运算，表示为 *LAUM*。

5.4.3.2 数据说明

本书的研究对象为上海证券交易所上市的上证 50ETF。上证 50ETF 是我国上市最早的一只 ETF，也是目前全市场成交最为活跃的一只 ETF。上证 50ETF 从 2005 年 2 月 23 日开始上市交易。考虑到数据的连续性和有效性，本书从 2006 年 1 月开始，样本期限为 2006 年 1 月 1 日至 2016 年 9 月 30 日，共 2 613 个交易日。研究所使用的数据包括：50ETF 每日价格、净值、成交金额、成交量、流通份额、ETF 申购赎回清单、ETF 机构持有比例、个人投资者持有比例；上证 50 指数样本股的每日收盘价（后复权）、成交量、成交金额、流通股数。申购赎回清单来自华夏基金网站（http://www.chinaamc.com），其他数据来自 Wind 数据库。为保证数据的有效性并消除异常样本对研究结论的影响，本书利用 Winsorize 的方法对 1% 和 99% 的异常值进行截尾处理。

基本的描述性统计如表 5.17 所示。表 5.17 显示：50ETF 的换手率高于成份股市场的换手率，Amihud 非流动性指标也高于成份股市场，说明与成份股市场相比，50ETF 的流动性更差一些。从折溢价来看，50ETF 在样本期内总体来说都是折价状态。从净现金流入来看，50ETF 的净现金流入波动较大，最大值和最小值差距很大。从收益来看，50ETF 在样本期内平均实现正收益。

表 5.17   各变量的描述性统计

		Flow	Creat	ETF_TO	STO	ETF_AMI	SAMI	ETFR	Pre	LAUM
周	Mean	0.000	0.010	4.829	0.859	0.333	0.006	0.002	-0.001	23.556
	Max	0.403	0.103	42.873	6.620	4.884	0.041	0.162	0.015	24.741
	Min	-0.310	0.000	0.619	0.074	0.015	0.000	-0.171	-0.021	21.888
	Std	0.049	0.011	4.056	1.044	0.580	0.005	0.041	0.003	0.580
	Obs	536	536	536	536	536	536	536	536	536
月	Mean	-0.002	0.010	4.807	0.860	0.337	0.006	0.007	-0.001	23.556
	Max	0.344	0.061	25.321	4.641	3.162	0.022	0.289	0.014	24.394
	Min	-0.571	0.002	1.116	0.100	0.032	0.001	-0.321	-0.021	21.906
	Std	0.114	0.009	3.662	1.016	0.532	0.005	0.097	0.004	0.573
	Obs	128	128	128	128	128	128	128	128	128
季	Mean	0.012	0.010	4.847	0.853	0.326	0.006	0.026	-0.078	23.591
	Max	0.468	0.052	19.481	4.051	2.466	0.020	0.464	0.002	24.392
	Min	-0.450	0.003	1.443	0.128	0.033	0.001	-0.370	-0.166	21.906
	Std	0.180	0.008	3.420	0.998	0.512	0.004	0.190	0.052	0.547
	Obs	42	42	42	42	42	42	42	42	42
半年	Mean	0.002	0.010	4.899	0.887	0.343	0.006	0.045	-0.078	23.590
	Max	0.773	0.033	15.342	3.958	2.123	0.016	0.558	0.002	24.392
	Min	-1.041	0.004	1.979	0.162	0.041	0.001	-0.620	-0.166	22.065
	Std	0.354	0.006	3.149	0.974	0.505	0.004	0.320	0.053	0.575
	Obs	21	21	21	21	21	21	21	21	21

5.4.4 实证分析

5.4.4.1 流动性与基金净现金流流入

上证 50ETF 的一、二级市场流动性与基金净现金流流入之间的关系是本书的研究主题。本书的回归方程如下：

$$Flow_t = \alpha_0 + \beta_1 LIQ_{t-1} + \beta_2 ETFR_{t-1} + \beta_3 PRE_{t-1} + \beta_4 LAUM_{t-1} + \varepsilon_t$$

$$(5.24)$$

　　其中，$LIQ_{i,\ t-1}$ 是前面定义的三个流动性指标，即 ETF 的申购赎回指标 Creat、ETF 和成份股各自的 Amihud 和换手率指标、ETF 和成份股的相对流动性指标。由于流动性指标都不是平稳变量，因此我们对其取对数运算后再进行回归分析。

　　表 5.18 给出了月度数据各流动性的回归结果。表 5.18 显示：申购赎回变动的回归系数在 1% 显著水平下显著且系数为正，说明一级市场的申购赎回变动即一级市场流动性与基金的净现金流流入正相关，一级市场流动性越好，基金净现金流流入越大。ETF 二级市场和成份股市场的 Aimhud 非流动性指标以及 ETF 与成份股的相对 Amihud 非流动性回归系数都不显著且回归系数为负。用换手率作为流动性指标的代理变量，系数仍然不显著且回归系数为正。在所有的回归方程中，ETF 二级市场的收益率系数都显著为负，说明 ETF 二级市场收益率与基金净现金流流入负相关，ETF 表现越好，基金净现金流流入就越少。

表 5.18　　　　月度数据流动性与基金现金流流入的回归结果

	Creat	Amihud		Turnover	
C	0.113 (0.308)	0.100 (1.221)	0.018 (0.035)	0.414 (0.585)	0.074 (0.108)
ETF_Liq_{t-1}	0.040*** (2.631)	−0.024 (−1.020)		0.036 (1.424)	
S_Liq_{t-1}		−0.011 (−0.543)		−0.007 (−0.374)	
Rel_Liq_{t-1}			−0.001 (−0.070)		0.002 (0.140)
Pre_{t-1}	3.883* (1.771)	3.801 (1.640)	3.884* (1.665)	4.706** (2.057)	3.823* (1.693)
$ETFR_{t-1}$	−0.302*** (−3.231)	−0.355*** (−3.445)	−0.313*** (0.100)	−0.324*** (−3.252)	−0.311*** (−3.098)
$LAUM_{t-1}$	0.004 (0.240)	−0.046 (−1.288)	−0.000 (−0.010)	−0.020 (−0.617)	−0.003 (−0.099)
R^2	0.137	0.104	0.087	0.113	0.087

注：*、**、*** 分别表示在 10%、5%、1% 显著水平下显著，下同.

　　表 5.19 给出了各数据频度市场流动性指标与基金净现金流流入的回归结果。表 5.19 显示：日度的流动性指标显著；周、月的流动性指

标不显著；季度、半年度的流动性指标部分显著。说明市场流动性短期内会对基金净现金流流入产生影响，中期基本没有影响，长期有一些影响。

表 5.19 各频度数据回归对比

		C	ETF_Liq	S_Liq	ETFR	Pre	LAUM
日	Amihud	0.003 (0.625)	-0.003 ** (-2.568)	0.003 *** (2.727)	-0.089 *** (-4.572)	0.876 *** (8.259)	0.000 (0.521)
	Turnover	0.000 (0.016)	0.007 *** (4.044)	-0.002 (-1.453)	-0.096 ** * (-4.911)	0.875 *** (8.370)	-0.000 (-0.670)
周	Amihud	-0.213 (-1.285)	0.001 (0.260)	0.006 (1.499)	-0.055 (-1.003)	0.589 (0.886)	0.011 (1.489)
	Turnover	0.189 (1.167)	0.011 ** (1.994)	-0.007 (-1.820)	-0.059 (-1.073)	0.478 (0.739)	-0.008 (-1.230)
月	Amihud	0.100 (1.221)	-0.024 (-1.020)	-0.011 (-0.543)	-0.302 *** (-3.231)	3.801 (1.640)	-0.046 (-1.288)
	Turnover	0.414 (0.585)	0.036 (1.424)	-0.007 (-0.374)	-0.324 *** (-3.252)	4.706 ** (2.057)	-0.020 (-0.617)
季	Amihud	-6.979 ** (-2.038)	0.169 ** (2.087)	-0.242 *** (3.258)	-0.258 (-1.542)	-2.533 *** (-2.958)	0.246 (1.690)
	Turnover	-5.384 * (-1.755)	-0.112 (-1.132)	0.107 (1.677)	-0.153 (-0.881)	-0.816 (-0.962)	0.236 * (0.088)
半年	Amihud	-13.712 * (-2.095)	0.252 (1.604)	-0.304 * (-1.790)	0.172 (0.771)	-4.938 ** (-2.877)	0.516 * (1.774)
	Turnover	-16.393 ** (-2.796)	-0.377 (-1.634)	0.233 * (0.177 8)	0.225 (1.036)	-3.259 * (-1.783)	0.715 ** (2.753)

5.4.4.2 市场流动性与投资者基金持有比例之间的关系

接下来，我们分析市场流动性与投资者基金持有比例之间的关系，回归模型如下：

$$Investor\_own_t = \alpha_0 + \beta_1 LIQ_{t-1} + \beta_2 ETFR_{t-1} + \beta_3 PRE_{t-1} + \beta_4 LAUM_{t-1} + \varepsilon_t \tag{5.25}$$

其中，$Investor\_own_t$ 是投资者包括机构投资者和个人投资者持有 ETF 份额的比例。由于投资者持有 ETF 份额的比例只在半年报和年报里披露，因此，我们使用了半年度的数据进行回归分析。机构和个人投资者持有比例序列不平稳，我们取一阶对数差分进行回归，结果见表 5.20。

表 5.20 显示，机构投资者持有比例与 ETF 一级市场流动性 *Creat* 的回归系数显著且为负；机构投资者持有比例与其他流动性代理指标的回归系数都不显著。个人投资者持有比例与一级市场流动性以及二级市场流动性的回归系数都不显著。这说明，相比于个人投资者，一级市场流动性对机构投资者更为重要，而且一级市场流动性会影响机构投资者持有基金的比例，但 ETF 二级市场和成份股二级市场的流动性不会影响机构投资者持有比例。

表 5.20 流动性与投资者持有比例回归结果

	机构			个人		
C	−0.425 (−1.443)	0.296 (1.378)	0.077 (0.414)	0.412 (0.879)	−0.583 (−1.803)	−0.097 (−0.339)
Creat	−0.109* (−1.780)			0.128 (1.315)		
Rel_Liq (*Amihud*)		−0.062 (−0.991)			0.117 (1.246)	
Rel_Liq (*Turnover*)			0.004 (0.074)			−0.030 (−0.359)
ETFR	−0.190** (−2.182)	−0.123 (−1.068)	−0.186 (−1.501)	0.325** (2.355)	0.198 (1.144)	0.285 (1.509)
Pre	0.980* (1.778)	0.781 (1.243)	0.952 (0.977)	−2.239** (−2.556)	−1.844* (−1.952)	−1.854 (−1.251)

5.4.5 本节小结

本书对 A 股市场 ETF 总资金流与 ETF 一、二级市场流动性的关系进行了研究，将国内已有研究由传统型开放式基金扩展到 ETF 这种新型金融衍生产品。结果表明，ETF 的一级市场流动性与基金的净现金流流入正相关，一级市场流动性越好，基金净流入越大；ETF 二级市场收益率与基金净现金流流入负相关，ETF 表现越好，基金净现金流流入就越少。市场流动性短期内会对基金净现金流流入产生影响，中期基本没有影响，长期有一些影响。相比于个人投资者，一级市场流动性对机构投资者更为重要，而且一级市场流动性会影响机构投资者持有基金的比例，但 ETF 二级市场和成份股二级市场的流动性不会影响机构投资者持有比例。

附录 5.1 跟踪同一指数的传统指数基金与 ETF 列表

跟踪同一指数的传统指数基金与 ETF 列表（截至 2016 年 6 月）

跟踪指数代码	传统指数基金		ETF	
	代码	基金名称	代码	基金名称
000001	470007	汇添富上证综指	510210	富国上证综指 ETF
000010	519180	万家上证 180	510180	华安上证 180ETF
000016	001548	天弘上证 50A	510050	华夏上证 50ETF
	001549	天弘上证 50C	510680	万家上证 50ETF
	502020	国金上证 50	510710	博时上证 50ETF
	502040	长盛上证 50		
	502048	易方达上证 50 分级		
000300	000613	国寿安保沪深 300	159919	嘉实沪深 300ETF
	000656	前海开源沪深 300	159925	南方开元沪深 300ETF
	000961	天弘沪深 300	159927	鹏华沪深 300ETF
	020011	国泰沪深 300	510300	华泰柏瑞沪深 300ETF
	160417	华安沪深 300	510310	易方达沪深 300ETF
	160615	鹏华沪深 300	510330	华夏沪深 300ETF
	160807	长盛沪深 300	510360	广发沪深 300ETF
	161207	国投瑞银瑞和 300		
	161811	银华沪深 300 分级		
	165309	建信沪深 300		
	165515	信诚沪深 300 分级		

表（续）

跟踪指数代码	传统指数基金		ETF	
	代码	基金名称	代码	基金名称
	166802	浙商沪深 300		
	167601	国金沪深 300		
	481009	工银瑞信沪深 300		
	519300	大成沪深 300		
	660008	农银汇理沪深 300		
000905	000962	天弘中证 500	159922	嘉实中证 500ETF
	160616	鹏华中证 500	159935	景顺长城中证 500ETF
	162216	泰达宏利中证 500	510500	南方中证 500ETF
	164809	工银瑞信中证 500	510510	广发中证 500ETF
	165511	信诚中证 500 分级	510520	诺安中证 500ETF
	660011	农银汇理中证 500	510560	国寿安保中证 500ETF
			510580	易方达中证 500ETF
			512500	华夏中证 500ETF
			512510	华泰柏瑞中证 500ETF
000984	163821	中银沪深 300 等权重	159924	景顺长城 300 等权 ETF
399001	161612	融通深证成指	159903	南方深成 ETF
	163109	申万菱信深证成指分级	159943	大成深证成份 ETF
399005	161118	易方达中小板指数	159902	华夏中小板 ETF
	163111	申万菱信中小板		
399006	001592	天弘创业板 A	159915	易方达创业板 ETF
	001593	天弘创业板 C	159948	南方创业板 ETF
	160637	鹏华创业板		
	161022	富国创业板指数分级		
399007	160415	华安深证 300	159912	汇添富深证 300ETF
	165707	诺德深证 300 分级		

表(续)

跟踪指数代码	传统指数基金		ETF	
	代码	基金名称	代码	基金名称
399008	162010	长城久兆中小板 300	159907	广发中小板 300ETF
399330	161227	国投瑞银深证 100	159901	易方达深证 100ETF
	161812	银华深证 100		
	162714	广发深证 100 分级		
	164811	工银瑞信深证 100		
	217016	招商深证 100		
399610	160224	国泰深证 TMT50	159909	招商深证 TMT50ETF

数据来源：Wind 数据库 http://www.wind.com.cn/，经作者整理而得.

6 我国 ETF 对标的市场的影响分析

6.1 ETF 对成份股市场的波动溢出效应分析

6.1.1 引言

ETF 使直接买卖指数成为现实，本身又兼具交易费用低廉、投资透明、交易便捷等优势，近年来成为全球金融市场上备受瞩目的创新型投资工具，发展极其迅猛。2001 年年底，全球仅有 90 只 ETF，到 2014 年，这一数字跃升至 6 300 多只，规模高达 2.5 万亿美元。

不同于开放式基金，ETF 以一揽子股票进行申购赎回，当 ETF 的一级市场净值和二级市场价格出现偏差时，套利者可以利用这种独特的申购赎回机制进行套利。这种套利行为使得 ETF 与标的成份股之间存在极大的关联，非基本面的冲击会通过 ETF 的套利行为传递到标的成份股市场（Ben et al., 2014）。随着 ETF 市场的快速发展及其在资本市场所扮演的角色越来越重要，监管者和市场参与者开始关注 ETF 套利交易与标的成份股波动之间的关系。2010 年美国股市的"闪电崩盘"事件更是令美国证券委员会（SEC）开始审视 ETF 及程序化套利交易对现货市场稳定性的影响。

我国证券市场于 2004 年 12 月推出第一只 ETF 产品，即上证 50ETF。从 2010 年开始，我国 ETF 市场发展迅速。截至 2015 年 12 月，沪深两市共有 113 只 ETF，规模达 1 931 亿元，追踪的标的指数涵盖全市场股票指数、行业股票指数、债券指数、商品指数、境外股票指数等。ETF 已成为我国资本市场重要的组成部分，是我国投资者进行指数化投资的主要金融工具之一。那么，ETF 市场交易行为是否影响了标的成份股市场的稳定性，影响程度如何？如果存在影响，那么受到哪些因素的作用？这些都是监管部门以及市场投资者所关心的问题。基于此，本书以四只最具代表性的宽基 ETF：上证 50ETF、华泰柏瑞沪深300ETF、华夏中小板 ETF、易方达创业板 ETF，以及这四只 ETF 的十大权重股为研究对象，对 ETF 交易对标的成份股市场的波动溢出效应进行测度，并分析造成波动溢出的影响因素。本书的研究可为指数化投资对标的市场的影响提供新的证据，为监管部门提供决策参考。

6.1.2 文献综述

作为一种新型金融创新产品，ETF 虽然形式上并不是真正的金融衍生品，但仍然具有金融衍生品的特性。因此，目前学界对 ETF 的研究主要集中于 ETF 的类衍生品特性，如价格发现功能（Hasbrouck，2003；肖倬和郭彦峰，2010；王良和冯涛，2010；陈莹等，2014）、ETF 的定价效率（Charupat & Miu，2011）、ETF 上市对市场质量的影响（郭彦峰等，2007）、ETF 套利及期现套利（刘伟等，2009）等方面。

然而，这些研究只注重于 ETF 的基本属性，极少有学者对 ETF 与成份股之间的风险关联性进行分析。2010 年 5 月美国股市发生"闪电崩盘"事件后，越来越多的学者开始关注 ETF 交易是否加剧了标的成份股的波动这一课题。Cheng 等（2009）和 Trainor（2010）探讨了杠杆和反向型 ETF 的日度调整是否增加了股票市场的波动，但二者结论不尽相同。Ben 等（2014）和 Krause 等（2014）认为，ETF 和一揽子股票的套利行为将 ETF 市场的流动性冲击传递到现货市场，从而使 ETF 交易增加了标的指数成份股的非基本面波动；更进一步地，Ben 等（2014）指出这种使成份股波动率增加的行为并不伴随着 ETF 价格发现能力的提高，表明 ETF 交易增加了一揽子股票的噪声。Da 和 Shive（2013）发现，ETF 的套利行为将 ETF 市场的非基本面冲击传递到股票市场，从而造成了 ETF 所持有的一揽子股票收益率的联动。Israeli 等（2015）针对美国 ETF 市场的研究发现，ETF 持股比例的增加导致成份股的买卖价差增大、定价效率降低以及联动性增强。王婧（2006）探讨了 50ETF 对上证 50 指数成份股的波动影响情况。实证结果表明，

ETF 的设立显著提高了上证 50 成份股的波动性。张立和曾五一（2013）发现股票市场与 ETF 市场之间存在显著的双向波动溢出效应。

以上文献证实了 ETF 对成份股市场的波动溢出，但以往研究并没有测度波动溢出的程度，也没有刻画波动溢出的传导路径。基于此，本书拟采用 Diebold 和 Yilmaz（2012）所提出的溢出指数方法，来考察 ETF 与成份股之间的波动溢出效应。与常用的向量自回归模型 VAR 模型、Granger 因果检验、多元 GARCH 模型以及 DCC-GARCH 模型相比，溢出指数方法构建在 VAR 模型方差分解之上，能够有效地测度信息溢出的强度和规模。更为重要的是，溢出指数方法能够进行方向性溢出效应的测度，从而使我们能够识别 ETF 与成份股波动传导的路径。在研究对象上，以往的研究多局限于股指期货及其标的指数之间的风险溢出，然而，ETF 与股指期货存在诸多区别，如同时兼具一二级市场、一揽子证券申购赎回机制等，这些特性使得 ETF 对现货市场的影响有别于股指期货。那么，我国 ETF 市场与成份股波动关系如何？二者的传导路径是怎样的？哪些因素造成了 ETF 与成份股的波动溢出？本书基于 Diebold 和 Yilmaz（2012）所提出的溢出指数方法，对这些问题进行了回答。本书的特色在于设计了一个动态分析框架，从多维信息溢出的视角来探讨 ETF 与指数成份股的联动关系，计算了 ETF 与成份股的双边溢出指数，并结合 ETF 的交易特点，对波动溢出的可能传导渠道进行了分析。

6.1.3 模型设计与数据说明

6.1.3.1 模型设计

本书选取 ETF 及其十大重仓股的日波动率作为研究对象，模型借鉴 Diebold 和 Yilmaz（2012）提出的溢出指数法（Spillover Index）。首先对每只 ETF 及其十大重仓股的波动率构建 N（$N=11$）变量的 VAR 模型，然后通过对预测误差的方差分解来构建波动率溢出指数。具体模型如下：

首先建立一个具有平稳协方差的滞后 p 期的 N 变量 VAR 模型：

$$x_t = \sum_{i=1}^{p} \varphi_i x_{t-i} + \varepsilon_t \qquad (6.1)$$

其中，$x_t = (x_{1,t}, x_{2,t} \cdots, x_{11,t})'$，分别表示 ETF 及其十大重仓股的波动率，$\varphi_i$ 是 $N \times N$ 维的系数矩阵，误差向量 ε_t 独立同分布且均值为零，协方差矩阵为 Σ。关于 ETF 及其十大重仓股的日波动率的计算，我们借鉴 Parkinson（1980）、Alizadeh 等（2002）、Chan 和 Lien（2003）的波动率测度方法，定义 ETF 及其成份股的波动率为 $x_{it} = \sqrt{0.361}(\ln P_{it}^H - \ln P_{it}^L)$，其中 P_{it}^H、P_{it}^L 分别是 ETF（成份股）的日最高价和日最低价。

假设式（6.1）具有平稳的协方差，则式（6.2）可写成移动平均模型：

$$x_t = \sum_{i=0}^{\infty} A_i \varepsilon_{t-i} \tag{6.2}$$

式（6.2）中的系数矩阵 A_i 满足递归形式 $A_i = \varphi_1 A_{i-1} + \varphi_2 A_{i-2} + \cdots + \varphi_p A_{i-p}$；$A_0$ 为 $N \times N$ 维的单位矩阵，且当 $i < 0$ 时，$A_i = 0$。

接着利用系数矩阵 A_i 对协方差矩阵 Σ 进行方差分解，从而可以将每一变量预测误差的方差分解为来自系统内各变量的冲击。本书使用 Koop 等（1996）、Pesaran 和 Shin（1998）提出的 KPPS 方差分解方法以避免 Cholesky 方差分解对变量顺序的依赖性。将变量 x_j 对变量 $x_i(i \neq j)$ 的溢出效应定义为 x_i 的 H 步预测误差的方差受到来自 x_j 部分的冲击，用公式表示如下：

$$\theta_{ij}(H) = \frac{\sigma_{jj}^{-1} \sum_{h=0}^{H-1} (e'_i A_h \Sigma e_j)^2}{\sum_{h=0}^{H-1} (e'_i A_h \Sigma A'_h e_i)} \tag{6.3}$$

其中，σ_{jj} 为第 j 个变量预测误差的标准差，e_i 为 N 维的单位向量，其中第 i 个元素为 1，其余元素为 0，$\theta_{ij}(H)$ 为变量 x_j 对变量 x_i 的溢出效应。由于 KPPS 的方差分解方法并没有对误差项的新息进行正交，因此 $\sum_{j=1}^{N} \theta_{ij}(H)$ 可能不等于 1，故先对 $\theta_{ij}(H)$ 进行标准化：

$$\tilde{\theta}_{ij}(H) = \frac{\theta_{ij}(H)}{\sum_{j=1}^{N} \theta_{ij}(H)} \tag{6.4}$$

从而可得：$\sum_{j=1}^{N} \tilde{\theta}_{ij}(H) = 1$ 和 $\sum_{i,\,j=1}^{N} \tilde{\theta}_{ij}(H) = N$。Diebold 和 Yilmaz（2012）利用上述方差分解方法构造 N 个变量之间的总溢出指数和定向溢出指数。具体定义如下：

①总溢出指数。通过式（6.4）我们得到总溢出指数：

$$S(H) = \frac{\sum\limits_{i,\,j=1,\,i \neq j}^{N} \tilde{\theta}_{ij}(H)}{\sum\limits_{i,\,j=1}^{N} \tilde{\theta}_{ij}(H)} \times 100 = \frac{\sum\limits_{i,\,j=1,\,i \neq j}^{N} \tilde{\theta}_{ij}(H)}{N} \times 100 \qquad (6.5)$$

总溢出指数衡量了每只 ETF 与十大权重股之间波动率的总溢出程度，可以作为衡量 ETF 与权重股波动率联动的量化指标。

②定向溢出指数。式（6.5）的总溢出指数可以使我们从总体上把握各变量之间波动率的溢出程度，更进一步地，基于上述方差分解方法得到的标准化 $\tilde{\theta}_{ij}(H)$，还可以使我们探究各变量之间的定向溢出效应。其中，变量 j 对变量 i 的定向溢出指数可定义为：

$$S_{ij}(H) = \frac{\tilde{\theta}_{ij}(H)}{\sum\limits_{i,\,j=1}^{N} \tilde{\theta}_{ij}(H)} \times 100 = \frac{\tilde{\theta}_{ij}(H)}{N} \times 100 \qquad (6.6)$$

所有其他变量对变量 i 的定向溢出指数定义为：

$$S_{i.}(H) = \frac{\sum\limits_{j=1,\,j \neq i}^{N} \tilde{\theta}_{ij}(H)}{\sum\limits_{i,\,j=1}^{N} \tilde{\theta}_{ij}(H)} \times 100 = \frac{\sum\limits_{j=1,\,j \neq i}^{N} \tilde{\theta}_{ij}(H)}{N} \times 100 \qquad (6.7)$$

i 变量对所有其他变量的定向溢出指数定义为：

$$S_{.i}(H) = \frac{\sum\limits_{j=1,\,i \neq j}^{N} \tilde{\theta}_{ji}(H)}{\sum\limits_{i,\,j=1}^{N} \tilde{\theta}_{ji}(H)} \times 100 = \frac{\sum\limits_{j=1,\,i \neq j}^{N} \tilde{\theta}_{ji}(H)}{N} \times 100 \qquad (6.8)$$

将变量 i 对变量 j 的净溢出效应定义为从变量 i 到变量 j 的溢出效应与从变量 j 到变量 i 的溢出效应之差：

$$NS_{ij}(H) = S_{ji}(H) - S_{ij}(H) \qquad (6.9)$$

6.1.3.2　样本数据与描述性统计

本书选取日均成交量最大、交易最为活跃的四只宽基 ETF 为研究对象,分别是华夏上证 50ETF、华泰柏瑞沪深 300ETF、易方达创业板 ETF 和华夏中小板 ETF。研究使用的数据包括:ETF 的日最高价、日最低价、日收盘价、日成交额、日流通份额、日基金净值;以及每只 ETF 的十大权重股的日最高价、日最低价、日收盘价、日成交金额。所有数据均来自 Wind 数据库。由于四只 ETF 的上市时间不一致,考虑到数据的连续性和有效性,本书从 2012 年 6 月开始研究,样本期限为 2012 年 6 月 1 日至 2015 年 12 月 31 日,共计 873 个样本日[①]。

表 6.1 列出了样本期内四只 ETF 的日均成交额,从表中可以看,在样本期内四只 ETF 成交额均突飞猛进,其中易方达创业板 ETF 增长最为迅猛,复合增长率为 96.49%,中小板 ETF 的增长最为缓慢,复合增长率为-7.73%。另外,上证 50ETF 和沪深 300ETF 的日均成交额远高于中小板 ETF 和创业板 ETF。

表 6.1	样本期内四只 ETF 年度日均成交额		单位:百万元
年份	上证 50ETF	沪深 300ETF	中小板 ETF	创业板 ETF
2012	382.251	668.995	53.999	34.851
2013	761.371	955.650	116.982	127.389
2014	898.958	1 564.201	124.173	221.786
2015	3 626.201	3 426.195	561.635	1 082.866
平均	1 537.288 2	1 769.002	232.746	405.456
复合增长率	32.95%	0.56%	-7.73%	96.49%

表 6.2 是波动率序列的描述性统计。表 6.2 显示:在样本期内,四只 ETF 的波动率均远低于其成份股的波动率,这与指数化投资可以分散非系统性风险的事实相符合。四只 ETF 中,上证 50ETF 和沪深 300ETF 的波动率最低,之后是中小板 ETF,创业板 ETF 的波动率最高,波动区间也最大。这与四只 ETF 的特性相符合。另外,四只 ETF 及成份股的波动率峰度都显著大于 3。

---

① 上证 50ETF 上市时间最早,于 2005 年 2 月 23 日上市交易,易方达创业板 ETF 上市时间最晚,于 2011 年 12 月 9 日上市交易。

表 6.2 波动率序列的描述性统计

		均值	中位数	最大值	最小值	标准差	偏度	峰度
上证 50ETF	ETF	0.013	0.010	0.086	0.003	0.010	2.608	12.329
	成份股	0.032	0.025	0.163	0.004	0.023	2.062	8.104
沪深 300ETF	ETF	0.013	0.010	0.081	0.002	0.010	2.772	13.411
	成份股	0.187	0.157	0.895	0.056	0.102	2.099	9.242
中小板 ETF	ETF	0.015	0.011	0.101	0.004	0.011	3.094	15.863
	成份股	0.246	0.227	0.962	0.113	0.094	2.554	14.631
创业板 ETF	ETF	0.019	0.015	0.118	0.005	0.013	2.873	15.741
	成份股	0.280	0.259	1.250	−0.063	0.125	2.275	13.427

注：成份股的描述性统计按市值加权加总后计算.

由于本书的波动溢出指数是构建在 VAR 模型之上的，因此，本书对每只 ETF 及其成份股的波动率进行平稳性检验。ADF 平稳性检验结果表明，所有的波动率序列都是平稳的，受篇幅限制，本书不再报告 ADF 平稳性检验结果。

6.1.4 实证结果分析

对四只 ETF 及其成份股分别建立 VAR 模型，再利用上文的公式 (6.5) 至 (6.9) 计算各类溢出指数。VAR 模型的滞后阶数根据 AIC 准则（赤池信息准则）和 SC 准则（施瓦茨准则）进行选择，四个模型均为滞后 2 阶。为了得到时变的溢出指数，本书采用滚动窗口方法进行计算，滚动窗口为 200 天，预测步长为 10 期即 $H = 10$。在稳健性检验中，本书改变滚动天数和预测天数，结果基本类似，由于篇幅关系，本书并未一一罗列，以下仅列出 200 天滚动回归以及 10 期预测的结果。

（1）溢出效应分析

图 6.1 是 4 只 ETF 与成份股的总体溢出程度图。从图中可以看出，四只 ETF 的波动溢出强度由弱及强依次为：上证 50ETF、沪深 300ETF、创业板 ETF、中小板 ETF，这与表 6.1 中四只 ETF 的日均成交额排序相一致。上证 50ETF 的溢出指数变化较为平缓，其他三只 ETF 的溢出指数变化相对激烈。四只 ETF 的溢出指数（上证 50ETF 较不明显）在

2014 年 3 月以前都呈缓慢下降趋势，2014 年以后，伴随着牛市的到来，溢出指数开始在波动中缓慢上行；2015 年下半年，我国股票市场剧烈波动，四只 ETF 的溢出指数出现急剧上升，其中，中小板 ETF 与创业板 ETF 最为明显。

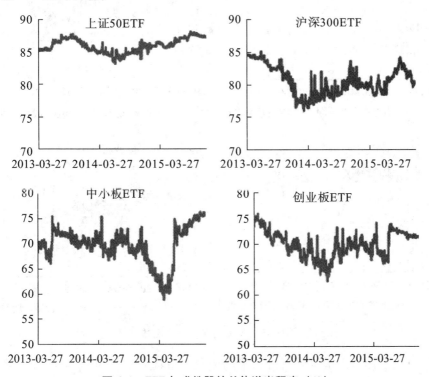

图 6.1 ETF 与成份股的总体溢出程度（%）

图 6.2 描述了 ETF 与成份股的双向溢出指数。从图中可以看出，ETF 对成份股具有明显的波动溢出效应，每只 ETF 对成份股的平均波动溢出值都大于 50%。但是，图 6.2 表明，成份股对 ETF 的溢出效应高于 ETF 对成份股的溢出效应，而且 ETF 对成份股的溢出指数波动具有明显的波动特征，但成份股对 ETF 的溢出指数比较稳定，其值固定在 0.9 左右。图 6.2 说明了 ETF 与成份股的双向波动主要以成份股向 ETF 波动溢出为主。

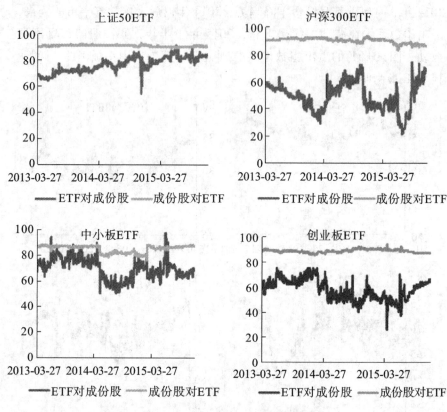

图 6.2　ETF 与成份股的方向性溢出效应（%）

　　以总体溢出指数进行分析较为粗糙，下面我们将每只 ETF 及其十只成份股构成一个系统，对 ETF 与每只成份股的溢出程度进行分析。表 6.3 列出了四只 ETF 与十大成份股的双向波动溢出程度，第一个数值是 ETF 对成份股的溢出程度，方括号里面的数据值是成份股对 ETF 的溢出程度，后两列分别刻画了 ETF 对成份股以及成份股对 ETF 的溢出总程度（去除自身的影响）。表 6.3 显示：成份股对 ETF 的溢出程度均明显高于 ETF 对成份股的溢出程度，这与图 6.2 的结果一致。而且，ETF 受自身影响最大，ETF 对每只成份股的影响差异性并不大；从成份股对 ETF 的溢出程度来看，只有部分成份股对 ETF 的溢出程度稍高一些，其他成份股对 ETF 的溢出程度的差异性并不大，这可能与这四只ETF 均是指数类 ETF 以及十大成份股占全部成份股的比重过低有关。总之，表6.3再次说明了 ETF 与股票市场的双向波动溢出效应，主要是股票市场向 ETF 进行波动溢出。

表6.3 ETF 与成份股波动溢出程度 单位:%

	ETF	STK1	STK2	STK3	STK4	STK5	STK6	STK7	STK8	STK9	STK10	ETF 对外溢出	ETF 受外部影响
50ETF	9.3	7.7	7.6	7.8	8.0	6.9	7.5	7.7	7.6	7.9	7.6	76.3	
	[9.3]	[10.5]	[11.7]	[9.8]	[9.1]	[5.1]	[10.1]	[10.9]	[6.5]	[9.5]	[8.2]		[90.7]
300ETF	10.2	3.8	4.8	4.5	5.7	5.2	4.7	5.3	4.7	5.4	4.8	49.0	
	[10.2]	[19.5]	[8.5]	[8.3]	[9.3]	[6.8]	[5.9]	[9.0]	[8.1]	[8.2]	[6.3]		[89.8]
中小板 ETF	15.1	5.6	3.9	5.8	5.6	5.3	6.0	5.8	5.1	5.9	5.3	69.4	
	[15.1]	[10.0]	[3.1]	[10.2]	[9.2]	[9.5]	[9.6]	[7.6]	[7.3]	[9.3]	[9.0]		[84.9]
创业板 ETF	11.4	5.1	6.8	6.8	4.3	5.4	4.4	6.7	5.7	6.5	6.0	57.7	
	[11.4]	[7.6]	[9.9]	[10.9]	[5.7]	[7.7]	[10.2]	[8.6]	[10.1]	[10.0]	[8.0]		[88.6]

（2）波动溢出影响因素

接下来，本书探究这种波动溢出的影响因素，也就是说 ETF 与标的成份股之间是通过哪些变量进行波动传导的。根据已有文献，本书选取的变量有：

① ETF 与成份股的双向波动溢出指数 $Volspill_t$：根据前一部分公式（6.7）和（6.8）计算的基于 200 天滚动窗口样本期的某只 ETF 与成份股在 t 日的双向波动溢出指数。

② ETF 基金折溢价率 Pre_t：$Pre_t = (P_t - Nav_t)/Nav_t$，其中 P_t、Nav_t 分别为 ETF 的每日收盘价和每日净值。

③ ETF 基金流通市值 $MktCap_t$：$MktCap_t = P_t \times Mkt_t$，其中 Mkt_t 为 ETF 的每日流通份额（以十亿份计）。

④ ETF 基金净现金流流入（Flow of Funds）$Flow_t$：本书使用基金净资产增长速度度量基金的净现金流流入，并按照基金期间实际回报率 r_t 对基金规模进行调整。具体公式为：$Flow_t = \dfrac{TNA_t - TNA_{t-1}(1 + r_t)}{TNA_{t-1}(1 + r_t)}$，其中 TNA_t 为每只 ETF 在 t 期期末的净值总额，等于期末基金份额与期末基金净值的乘积，r_t 是每只 ETF 在 t 期的单位净值收益率。

⑤ ETF 与成份股的非流动性差异性指标 ETF_SIlliq_t：根据 Amihud（2002）定义的非流动性指标公式测量流动性，$Illiq_t = |R_{i, t}|/Vol_{i, t}$，

其中 $|R_{i,t}|$ 为资产 i 的每日收益率的绝对值；$Vol_{i,t}$ 为资产的每日成交金额（以十亿元计）。$Illiq_t$ 反映每单位成交金额所引起的价格变化，$Illiq_t$ 越大，反映该资产的流动性越差。本书对 ETF 的非流动性用 $ETFIlliq_t$ 来衡量，对成份股的流动性用各成份股的非流动性加权平均来衡量，记为 $SIlliq_t$。定义 $ETF\_SIlliq_t = SIlliq_t / ETFIlliq_t$ 来反映两个市场流动性的差异性。

考虑到波动冲击的惯性，加入被解释变量的滞后项作为解释变量，回归方程如下：

$$Volspill_t = \alpha + \sum_{i=1}^{p} Volspill_{t-i} + \gamma_1 Pre_t + \gamma_2 MktCap_t + \gamma_3 Flow_t +$$

$$\gamma_4 ETF\_SIlliq_t + \varepsilon_t \tag{6.10}$$

模型的回归结果表明：不管是 ETF 对成份股的波动溢出还是成份股对 ETF 的波动溢出，一阶和二阶滞后项的回归系数都比较大，且显著为正，说明波动溢出在时间上具有正向的持续性。ETF 对成份股的波动溢出方面，市值、基金的净现金流入、ETF 与成份股的流动性差异对 ETF 对成份股的溢出有影响；而在成份股对 ETF 的波动溢出回归方程中，折溢价率因子对波动溢出有影响，其他的因子都不显著。

表 6.4　　　　　　　　　溢出影响因素回归估计结果

	ETF 对成份股的溢出				成份股对 ETF 的溢出			
	上证 50 ETF	沪深 300 ETF	中小板 ETF	创业板 ETF	上证 50 ETF	沪深 300 ETF	中小板 ETF	创业板 ETF
c	0.051 *** (4.820)	0.036 *** (3.883)	0.114 *** (5.091)	0.036 *** (3.884)	0.049 *** (4.089)	0.025 ** (2.514)	0.043 *** (4.202)	0.025 *** (2.512)
$VolSpill_{t-1}$	0.771 *** (20.035)	0.699 *** (18.640)	0.719 *** (18.785)	0.698 *** (18.640)	0.834 *** (21.629)	0.757 *** (19.949)	0.835 *** (21.702)	0.757 *** (19.950)
$VolSpill_{t-2}$	0.128 *** (3.306)	0.245 *** (6.576)	0.135 *** (3.424)	0.245 *** (6.576)	0.112 *** (2.922)	0.216 *** (5.690)	0.114 *** (2.993)	0.216 *** (5.690)
Pre	0.119 *** (2.582)	0.158 (1.399)	−0.367 (−1.532)	0.157 (1.399)	0.000 (0.105)	−0.022 * (−1.756)	−0.076 ** (−2.145)	−0.024 * (−1.756)
$MktCap$	0.002 (1.374)	−0.007 *** (−2.951)	0.047 (1.329)	−0.007 *** (−2.951)	−0.000 ** (−2.245)	0.000 (0.027)	0.014 ** (2.318)	0.000 (0.028)
$Flow$	−0.049 ** (−2.120)	−0.059 ** (−2.511)	0.073 (1.635)	−0.059 ** (−2.511)	0.002 (1.079)	−0.001 (−0.416)	−0.000 (0.134)	−0.001 (−0.416)

表6.4(续)

	ETF 对成份股的溢出				成份股对 ETF 的溢出			
	上证 50 ETF	沪深 300 ETF	中小板 ETF	创业板 ETF	上证 50 ETF	沪深 300 ETF	中小板 ETF	创业板 ETF
FTF_SIlliq	0.000 (0.027)	0.000** (0.323)	0.001*** (−3.544)	0.000 (0.324)	−0.000 (−0.000)	−0.000 (−0.113)	0.000 (0.963)	−0.000 (−0.112)
$Adj\ R^2$	0.900	0.893	0.726	0.893	0.932	0.951	0.935	0.951

注：括号里的数值是对应回归系数的 t 统计量值，***、**、* 分别表示系数在 1%、5%、10%置信水平下显著.

6.1.5 本节小结

本节分析了 ETF 与成份股的波动溢出效应，探讨了指数化交易及套利行为对标的市场的影响。主要结论为：上证 50ETF 的溢出指数变化较为平缓，其他三只 ETF 的溢出指数变化相对激烈。2015 年下半年，我国股票市场剧烈波动，四只 ETF 的溢出指数出现急剧上升，其中，中小板 ETF 与创业板 ETF 最为明显。ETF 对成份股存在明显的波动溢出效应，但从传导路径来看，成份股对 ETF 的溢出效应要高于 ETF 对成份股的溢出效应。而且，ETF 对成份股的溢出指数波动具有明显的波动特征，但成份股对 ETF 的溢出指数比较稳定。我们发现，波动溢出效应在时间上具有较强的持续性，市值、ETF 与成份股的流动性差异是造成 ETF 向成份股波动溢出的原因，而折溢价率是造成成份股向 ETF 波动传导的原因。

研究结论表明，存在 ETF 对成份股的波动溢出效应，这说明一揽子交易会对股票市场产生正向的冲击，这为股票市场投资风险管理提出新的挑战。因此，应进一步完善资本市场基础交易制度和交易规则，建立程序化交易的功能监管体系。另外，本书的研究也发现成份股对 ETF 的波动溢出要强于 ETF 对成份股的波动溢出，这与 ETF 市场整体活跃性较股票市场低有很大关系。因此，应该加强 ETF 的投资者教育，提高投资者对 ETF 的认识，使投资者更多地参与 ETF 交易，从而提高 ETF 市场整体的活跃度。

6.2 ETF 交易对标的成份股相关性的影响分析

6.2.1 引言

指数化投资是通过持有基准指数所包含的全部或部分证券来复制指数，从而获得某一特定市场基准收益率的投资策略。1976 年美国先锋集团（Vanguard Group）发行的先锋 500 指数基金（Vanguard 500 Index Fund）是全球最早的指数化共同基金，也是全世界最大的单个基金。此后，全球指数基金开始迅猛发展，各类指数化产品层出不穷。经过半个多世纪的发展，目前全球指数化产品资产管理规模约为 63.9 万亿美元，其中主动管理类占 79%，被动管理类占 10% 左右，规模为 7.3 万亿美元。

指数化投资的精髓在于分散化投资能够降低投资组合的非系统性风险。Sharpe（1966）、Jensen（1968）以及最近的 Malkiel（2003）都指出，主动式投资并不能跑赢指数，即与被动式投资相比，主动式投资并不能获得更高的超额收益。巴菲特在历年股东大会及致股东的信中，曾多次推荐普通投资者购买指数基金。在 2013 年的股东信中，巴菲特再次提及指数基金，声称"如果要立遗嘱，……我对托管人的建议再简单不过了：把 10% 的现金用来买短期政府债券，把 90% 的资金用于购买非常低成本的标普 500 指数基金……"

指数化投资并不进行选股，而是以复制指数构成股票组合作为资产配置方式。因此，指数化投资工具的交易势必对标的指数的所有或部分成份股产生影响。在牛市（熊市），当投资者通过买入（卖出）股票指数基金来提高（降低）股票资产的配置，这样做，相当于投资者同时买入（卖出）标的指数的所有股票，进一步造成股票市场的上涨（下跌）。也就是，指数化投资在某种程度上可能会造成市场的同涨同跌，造成个股交易联动性的增强，以及个股价格相关性的上升，从而不利于分散化投资。Wurgler（2011）就指出，过度指数化会导致风险传染和错误定价。Bolla 等（2016）研究美国、欧洲以及新兴市场的 ETF 规模与市场风险指标的关系。经验分析表明，ETF 规模增长是成交量、收益率和流动性联动性增强的主要驱动因素。这意味着指数化投资现在并不能降低风险，反而加大了市场系统性风险的联动性。

受全球指数化投资热潮的影响，近十几年来，我国指数化投资实现了跨越式发展。2002 年，华安 180 指数基金和天同 180 指数基金相继发行；2005 年我国第一只 ETF 上证 50ETF 在上交所挂牌，我国内地指数化投资迈出了发展的第一步。到 2009 年，指数产品进入了快速发展期，年度发行数量连创新高，产品类别愈加丰富。表 6.5 是我国各类指数基金资产规模及占比统计表。表 6.5 显示：截至 2016 年 6 月 30 日，我国内地市场的指数型产品已经达到 408 只（被动指数型基金 363 只，增强指数型基金 45 只），资产规模达到了 4 387 亿元，约占共同基金的 6%。2014 年下半年分级基金异军突起，发展迅猛，资产规模远超其他各类指数基金（见图 6.3）。发展时间较短的分级基金规模目前占全市场指数基金规模的 4 成左右，与 ETF 平分秋色，其次是传统指数基金，最末的是 LOF 基金。

表 6.5　　　　　　　　　我国各类指数基金分布统计表

指数基金	数量	资产规模(亿元)	规模占比(%)
ETF	110	1 726.90	39.39
LOF 被动指数型基金	31	161.82	3.69
被动指数分级基金	140	1 798.10	41.01
普通被动指数型基金（不含 ETF、LOF、分级）	82	452.36	10.32
被动指数型基金小计	363	4 139.18	94.41
LOF 增强指数型基金	5	15.55	0.35
增强指数分级基金	4	4.58	0.11
普通增强指数型基金(不含 LOF、分级)	36	225.07	5.13
增强指数型基金小计	45	245.2	5.59
总计	408	4 384.38	100

数据来源：易方达指数基金网 http://www.indexfunds.com.cn/，数据截至 2016 年 6 月 30 日.

随着我国指数化市场的快速发展，特别是 ETF 和分级基金的发展，这些产品的发展将对我国市场产生怎么样的影响，是否会像 Bolla 等（2016）所发现的那样，即指数化投资提高了市场交易活动的联动性，从而大大降低了分散化风险的可能？这是一个很有意思的话题，对此进行研究，可以更好地认识当前我国资本市场的运行态势，为我国投资者进行指数化投资提供参考，为监管层进行政策制定提供经验参考。

6.2.2　文献综述

随着全球指数化产品规模的膨胀，大量的学者关注指数化投资对金融市场以及单个证券的影响。目前的研究大致可以分为两类。

第一类主要探讨指数效应，大多使用事件研究的方法。所谓指数效应，是指某只股票被纳入或剔除指数成份股后，其股价会上升或下降的现象。如 Beneish 和 Whaley（1996）研究了 1986—1996 年 S&P 500 的成份股，发现从调整公布日开始，股价波动异常上升，但当股票加入指数后，股价反应发生了反转，相对调整日有一定幅度的下降。Chan 等（2013）对发现某只股票被纳入或剔除 S&P 500 指数以后，长期股价显著上升，而且被剔除的股票表现优于被纳入的股票。Biktimirov 和 Li（2014）研究了 FTSE 小盘股指数变化的市场反应，结果表明被剔除和新纳入的股票具有非对称的价格和流动性变化。Cheng 等（2015）使用断点回归的研究设计提供了更加干净的指数效应的度量，他们采用 Russell 1000 和 Russell 2000 这两个指数之间交接处的独特样本，使用断点回归研究了指数效应。研究结果表明：当股票从 Russell 1000 被纳入 Russell 2000 指数时会导致价格上涨；而从 Russell 2000 中剔除 Russell 1000 则会导致价格下跌。文章还研究了指数效应的时间趋势，揭示了为指数交易者提供流动性的投资者类型。国内有大量的学者研究我国股票指数的指数化效应。宋逢明和王春燕（2005）研究了上证 180 指数和深成指的指数效应。宋威和苏冬蔚（2007）利用多元回归对 2002—2006 年上证 180 指数成份股调整事件进行了实证分析，发现在指数中增加股票后，股票收益的市场风险系数显著增加；反之，从指数中剔除股票后，股票收益的市场风险系数显著下降。朱卫等（2013）运用事件分析法分析了上证 50 指数成份股调整对标的股票流动性及股东财富效应的影响。结果表明：我国上证 50 指数存在着指数调样效应，但指数调样对股票流动性的影响要显著强于对股东财富效应的影响；并且调进指数上市公司的流动性要强于调出指数的上市公司。

第二类主要探讨指数化投资的繁荣对市场的影响。Sullivan 和 Xiong（2012）对 1982—2009 年美国指数化投资增长与股票市场价格、交易联动之间的关联进行研究，发现指数基金和 ETF 的快速增长引起了个股交易联动性的增强以及个股价格相关性的上升。而且，Sullivan 和 Xiong（2012）发现样本期内个股之间贝塔系数差距越来越小，这意味着分散化投资并不能很好地降低组合的风险。Kamara 等（2008，2010）研究了 1963—2008 年美国股票市场系统性风险和系统性流动性的变化。结果发现：样本期内，大市值股票的系统性风险性和系统性流动性显著增加，小市值股票却显著下降；大市值股票流动性的联动性增加，小市值股票流动性对全市场流动性的变化却更不敏感。他们发现，被动投资策略和机构化投资是造成这些市场变化的主要原因。2010 年 5 月美国股市发生"闪电崩盘"事件后，越来越多的学者开始关注 ETF 交易是否加剧了市场波动这一课题。Ben 等（2014）和 Krause 等（2014）认为，ETF 和一揽子股票的套利行为将 ETF 市场的流动性冲击传递到现货市场，从而使 ETF 交易增加了标的指数成份股的非基本面波动。更进一步地，Ben 等（2014）指出这种使成份股波动率增加的行为并不伴随着 ETF 价格发现能力的提高，这表明 ETF 交易增加了一揽子股票的噪声。Da 和 Shive（2013）发现，ETF 的套利行为将 ETF 市场的非基本面冲击传递到股票市场，从而造成了 ETF 所持有的一揽子股票收益率的联动，这将大大降低分散化投资的收益。Israeli 等（2015）针对美国 ETF 市场的研究发现，ETF 持股比例的增加导致成份股的买卖价差增大、定价效率降低以及联动性增强。Bolla 等（2016）研究美国、欧洲以及新兴市场的 ETF 规模与市场风险指标的关系。经验分析表明，ETF 规模增长是成交量、收益率和流动性联动性增强的主要驱动因素。这意味着指数化投资现在并不能降低风险，反而加大了市场系统性风险的联动性。

以上研究表明，指数化的快速发展确实造成了金融市场联动性的增强，大大降低了分散化投资的收益，但以往的研究者都是以美国市场等成熟市场为研究对象，而新兴市场的指数化发展是否造成了整体金融市场联动性的变化？是否增加了市场的系统性风险？回答这些问题正是本书的研究目的。

6.2.3 指数基金与市场联动关系分析

图 6.3 是 2005—2016 年我国各类指数基金季度规模资产对比图。从图 6.3 中可以看出，普通指数基金在 2006—2007 年那一波牛市中增长较快，2008 年股市断崖式下跌以后，市场规模也有所下降，但 2008 年第三季度以后开启新一轮的市场扩张，2009 年第四季度规模高达 3 000 亿元；随着 ETF 和分级基金的兴起，普通指数基金的市场规模逐渐下降，2014 年第三季度以后市场规模就低于 ETF 和分级基金。ETF 基金前期增长缓慢，之后稳中有进，持续正向增长，受 2015 年 6 月股灾影响，市场规模有所下降。而发展历史最短的分级基金前期增长最为缓慢，但随着 2014 年下半年股市的再次走牛，分级基金异军突起，从 2005 年第三季度的不到 500 亿元增长至 2015 年第一季度的近 4 500 亿元，增长了近 9 倍，但随后受股灾影响，出现断崖式下降，目前整体市场规模约为 1 500 亿元，还是高于普通指数基金和分级基金。

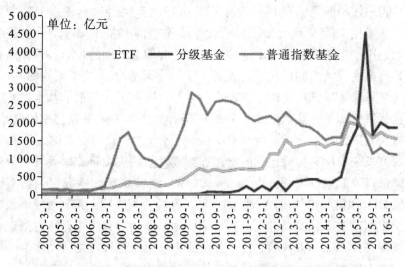

图 6.3 我国三类指数化产品 2005--2016 年的资产净值趋势图

接下来，我们借鉴 Sullivan 和 Xiong（2012）、Bolla 等（2016）的方法，构造个股截面风险指标，分析指数化产品规模与这些个股截面指标是否存在正相关关系。具体的指标构建见附录 6.1。

　　图 6.4 给出了四个风险指标 12 个月移动平均值的序列图和指数基金总规模图。从图 6.4 中可以看出，除了 *V∆DISP* 变化不大外，其他三个指标序列的时序图变化基本一致，都是先上升后平稳变化再上升的趋势。市场下跌时（次贷危机期间、2015 年股灾期间），成交量、价格和流动性的相关性会急剧变大。图 6.4 表明指数基金规模与四个市场风险指标大致存在正相关关系，指数基金规模变大会伴随着个股成交量、价格和流动性的相关系数变大，即市场的联动性加强，不利于分散风险。

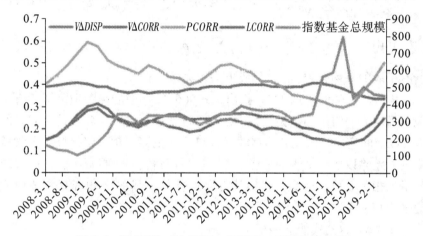

图 6.4　*V∆DISP*、*V∆CORR*、*PCORR*、*LCORR* 时序图

6.2.4　ETF 与股票市场相关性分析

　　图 6.4 指出指数基金规模会加剧市场联动。那么 ETF 是否也存在这种效应？接下来，我们利用 ETF 以及 ETF 所跟踪指数成份股的面板数据分析 ETF 交易与股票相关关系。

6.2.4.1　数据说明与指标构建

（1）数据说明

　　以股票型 ETF 为研究对象，剔除所有跨境股票型 ETF。由于部分股票型 ETF 成交并不活跃，为保证研究结论的有效性，我们选取日均成交量在 300 万份以上的 50 只股票型 ETF 进行研究。ETF 的成份股信息来自各基金公司季度报告。由于成份股信息每季度公布一次，并且一般变动不大，所以我们假设每季度的持股信息在该季度的三个月份中保持不变。样本数据包括：ETF 每日份额变动，ETF 月换手率，ETF 重仓股信息，ETF 基金年度资产总值、成份股收盘价，所有数据均来自 Wind 数据库和各基金公司季报。样本期限为 2005 年 1 月至 2015 年 12 月，采用月度数据。

（2）指标构建

假设一个包括 N 只股票且各股票等权重的投资组合，则在任意期间 t，该组合收益率的方差为：

$$\sigma_{p,t}^2 = \sum_{j=1}^{N} \sum_{k=1}^{N} \frac{1}{N^2} \rho_{jk,t} \sigma_{j,t} \sigma_{k,t} = \overline{\sigma_t^2} \overline{\rho_t} + \sum_{j=1}^{N} \sum_{k=1}^{N} \frac{1}{N^2} \rho_{jk,t} \xi_{jk,t} \tag{6.11}$$

其中，$\overline{\sigma_t^2} = \frac{1}{N} \sum_{j=1}^{N} \sigma_{j,t}^2$，$\overline{\rho_t} = \frac{1}{N^2} \sum_{j=1}^{N} \sum_{k=1}^{N} \rho_{jk,t}$，$\xi_{jk,t} = \sigma_{j,t} \sigma_{k,t} - \overline{\sigma_t^2}$。$\overline{\sigma_t^2}$ 是所有个股的平均方差，$\overline{\rho_t}$ 是个股平均相关系数。

Pollet 和 Wilson（2008）指出，式（6.11）中的第一项，即所有个股的平均方差与平均相关系数的乘积，能够解释投资组合收益率方差的 97% 以上的变化。因此，忽略式（6.11）中的第二项，将投资组合收益率的方差除以所有个股的平均方差，就可以得到整个投资组合个股之间的平均相关系数。据此，我们就可以计算每一只 ETF 跟踪指数成份股的平均相关系数。

① *Fcorr*，公式如下：

$$Fcorr = \frac{\text{成份股每日平均收益率的方差}}{\text{所有成份股收益率方差的平均值}} \tag{6.12}$$

Da 和 Shive（2013）将 *Fcorr* 称为每一只 ETF 的基金的方差比指标（Fund Variance Ratio），其值代表了指数成份股之间的平均相关性。式（6.12）中的个股收益率我们采用对数收益率形式，即 $R_{i,t} = \ln(P_{i,t}/P_{i,t-1})$，其中 $R_{i,t}$ 是股票 i 在 t 日的收益率，$P_{i,t}$ 是股票 i 在 t 日的收盘价。为保证数据的有效性并消除异常样本对研究结论的影响，本书利用 Winsorize 的方法对 *Fcorr* 的 1% 和 99% 的异常值进行截尾处理。

② *MCP*（ETF 市值比，单位%），即 ETF 流通市值占所跟踪指数的流通市值的比例。

③ *SDshares*（ETF 月流通份额的变化）：*SDshares* 等于 ETF 流通份额的月标准差除以该月 ETF 流通份额的均值，其中 ETF 流通份额的月标准差和均值根据流通份额的日度数据计算，日度数据根据 Wind 数据库手动收集。该指标是 ETF 流通份额相对于均值的变化幅度，反映了

ETF 一级市场申购赎回强度。

④ *FTO*（ETF 月度换手率）。

⑤ *TNA*（基金规模，单位亿元），使用基金资产净值度量基金规模。实证检验中，我们对该数值进行自然对数运算，以保证回归时变量的数量级匹配。

变量 *SDshares* 和 *FTO* 可以反映 ETF 市场交易强度，通过 *Fcorr* 对这两个变量的回归分析，可以分析 ETF 交易对成份股相关性的影响。

6.2.4.2　实证结果分析

各变量的描述性统计见表 6.6。从表 6.6 中可以看到，成份股的平均相关系数都是正的，且波动较大。从样本 ETF 的换手率来看，换手率差异很大，最小值为 0.003，最大值为 23.921。

表 6.6　　　　　　　　　　各变量的描述性统计

变量名	均值	标准差	最小值	最大值
Fcorr	0.445	0.282	0.000	0.893
MCP	0.021	0.138	0	0.046
FTO	0.612	1.252	0.003	23.921
SDshares	0.037	0.066	0	1.192
TNA	43.796	51.797	41.312	301.514

表 6.7 给出了相应的回归分析结果。由于部分变量数据存在缺失，本书在回归分析中实际用到的是非平衡面板数据。本书首先分别对不同被解释变量的模型进行了组间异方差、组内自相关检验。为了获得稳健型标准误，本书采用经 Driscoll-Kraay 标准误调整（Driscoll & Kraay，1998）的固定效应模型进行估计①。表 6.7 中的二至四列是没有控制时间和基金个体效应的回归结果，五到七列是控制了时间效应和基金个体效应的回归结果。

表 6.7 的结果显示，在没有控制时间与个体效应的情况下，*Fcorr* 对 *SDshares* 与 *FTO* 的回归系数为正，但 *SDshares* 的系数在统计上不显

---

① 用 Hausman 检验比较了固定效应与随机效应两种处理方法，依据结果选择固定效应模型。

著,*FTO* 的回归系数在 1% 显著水平上显著,说明 ETF 的换手率对成份股相关性有显著的正向促进关系。

由于不同的 ETF 在投资风格、跟踪指数、管理人等方面均有差异;另外,一些宏观因素将会从基本面上对所有不同的 ETF 基金产生相同的影响,因此必须控制基金个体效应和时间效应。从表 6.7 中的后三列可以看出,控制时间和个体效应以后,*SDshares* 与 *FTO* 的回归系数显著为正,这充分说明了 ETF 在一级市场的申购赎回行为以及二级市场的换手都会导致成份股的相关系数变大,即个股联动性增强,这反而不利于分散化投资。

表 6.7　　　　　　　　　　回归分析结果

			$Y = Fcorr$			
MCP	0.080 ***	0.046 ***	0.050 ***	0.064 **	0.034 ***	0.047 ***
	(8.432)	(7.356)	(6.432)	(3.478)	(4.650)	(6.428)
SDshares	0.150		0.132	0.461 **		0.465 ***
	(1.284)		(1.198)	(3.215)		(5.089)
FTO		0.049 ***	0.060 ***		0.082 **	0.011 *
		(7.652)	(6.482)		(2.86)	(2.103)
ln(*TNA*)	−0.000	−0.003	−0.000	−0.012	0.003	0.001
	(−0.002)	(−0.004)	(−0.002)	(−0.008)	(0.008)	(0.005)
常数项	0.463 ***	0.354 ***	0.412 ***	0.041 ***	0.039 ***	0.035 ***
	(28.656)	(24.462)	(23.365)	(22.843)	(49.044)	(29.341)
时间	NO	NO	NO	YES	YES	YES
个体	NO	NO	NO	YES	YES	YES
Obs	5 860	5 860	5 860	5 860	5 860	5 860
R^2	0.021	0.031	0.049	0.216	0.346	0.386

注: 括号内是 z 统计值, *、**、*** 分别表示在 10%、5%、1% 显著水平上显著.

6.2.5　本节小结

本节分析了我国指数化交易与现货市场的关联,发现指数化产品规模增大与股票市场风险指标存在正相关关系,进一步针对 ETF 的分析表明,ETF 一级市场的申购赎回强度以及二级市场中的换手率均与成份股之间的相关系数正相关。实证结果表明，指数化交易虽然提高了成份股的活跃性，但同时也增加了现货市场的联动性，这在一定程度上降低了分散化投资的收益。

指数化投资特别是 ETF 交易，使买卖一揽子证券成为现实，本身又兼具投资透明、交易成本低廉、流动性好等优势。但本书的研究表明，当指数化投资（ETF）市场规模增大时，套利交易行为会使成份股的联动性增强，从而不利于分散化投资。因此，应该对指数化产品进行适当性审慎监管，防范指数化交易对现货市场的传染效应。在进一步丰富 ETF 品种的同时，应该注意对不同的指数、不同的行业、不同的股票进行投资组合，即增加投资组合的多样性，以达到分散化投资的目的，同时降低对现货市场联动性的影响。

附录 6.1　个股截面风险指标构建

（1）交易量变动值的截面方差 $V\Delta DISP$（Cross-sectional Dispersion of the Change in Trading Volume）和交易量变动值平均相关系数 $V\Delta CORR$（Average Pairwise Correlation of Change in Trading）。

① $V\Delta DISP_t$ 指标的计算。$V\Delta DISP_t$ 其实就是所有个股成交量变化 $\Delta V_{i,\ t}$ 的标准差，刻画了市场交易量的联动，其值越小，全市场交易量的联动就越强。

令 $\Delta V_{i,\ t} = \ln(\dfrac{V_{i,\ t}}{V_{i,\ t-1}})$，其中 $V_{i,\ t}$ 是第 i 只股票第 t 日的交易量。

则 $V\Delta DISP_t = \sqrt{\dfrac{1}{N-1}\sum\limits_{i=1}^{N}(\Delta V_{i,\ t} - \Delta \bar{V}_t)^2}$，其中 $\Delta \bar{V}_t = \dfrac{1}{N}\sum\limits_{i=1}^{N}\Delta V_{i,\ t}$，$N$ 是样本股票数量，$\Delta \bar{V}_t$ 是所有个股的平均交易量。

② $V\Delta CORR$ 指标的计算。$V\Delta CORR$ 是所有个股成交量变化 $\Delta V_{i,\ t}$ 的两两相关系数，按等权重计算平均值。

$$V\Delta CORR = \sum_{i=1}^{N}\sum_{j>i}^{J}\dfrac{\sum\limits_{t=1}^{T}(\Delta V_{i,\ t} - \Delta \bar{V}_i)(\Delta V_{j,\ t} - \Delta \bar{V}_j)}{(T-1)\sigma_{\Delta V_i}\sigma_{\Delta V_j}}\Bigg/ K$$

其中 $K = \dfrac{N(N-1)}{2}$，$\Delta \bar{V}_i = \dfrac{1}{T} \sum\limits_{t=1}^{T} \Delta V_{i,t}$，$\sigma_{\Delta V_i}$ 是股票 i 交易量变动值的标准差。我们采用滚动窗口方法，即 3 个月滚动窗口计算 $V\Delta CORR$。

（2）个股收益率的平均相关系数 $PCORR$（Average Pairwise Correlation of the Price Returns）。$PCORR$ 刻画了股票收益率的联动程度。$PCORR$ 的计算与 $V\Delta CORR$ 类似，方法如下：

令 $\Delta P_{i,t} = \ln\left(\dfrac{P_{i,t}}{P_{i,t-1}}\right)$，其中 $P_{i,t}$ 是第 i 只股票第 t 日的收盘价。

$$PCORR = \sum_{i=1}^{N} \sum_{j>i}^{J} \left. \frac{\sum\limits_{t=1}^{T} (\Delta P_{i,t} - \bar{P}_i)(\Delta P_{j,t} - \bar{P}_j)}{(T-1)\sigma_{\Delta P_i}\sigma_{\Delta P_j}} \right/ K$$

（3）个股流动性的平均相关系数 $LCORR$（Average Pairwise Correlation of Liquidity）。$LCORR$ 刻画了全市场流动性的联动程度。计算方法如下：

首先，根据 Amihud（2002）方法计算每只股票的流动性指标：$ILLIQ_{i,t} = \dfrac{|P_{i,t} - P_{i,t-1}|}{JV_{i,t}}$，其中 $P_{i,t}$ 是第 i 只股票第 t 日的收盘价，$JV_{i,t}$ 是第 i 只股票第 t 日的成交金额。

接着计算每只股票的流动性变化 $\Delta ILLIQ_{i,t} = \ln\left(\dfrac{ILLIQ_{i,t}}{ILLIQ_{i,t-1}}\right)$，最后与 $PCORR$ 和 $V\Delta CORR$ 类似，计算个股流动性的平均相关系数：

$$LCORR = \sum_{i=1}^{N} \sum_{j>i}^{J} \left. \frac{\sum\limits_{t=1}^{T} (\Delta ILLIQ_{i,t} - \overline{\Delta ILLIQ_i})(\Delta ILLIQ_{j,t} - \overline{\Delta ILLIQ_j})}{(T-1)\sigma_{\Delta ILLIQ_i}\sigma_{\Delta ILLIQ_j}} \right/ K$$

本书首先以沪深 300 指数基金以及沪深 300 指数的成份股为研究对象，构建以上四个风险指数以反映成份股市场联动性的变化，接着分析沪深 300 指数基金占沪深 300 指数市值的比例与这些风险指标的变化，以观察指数基金与市场总体风险指标之间的关系。选取沪深 300 指数的成份股计算以上指标，原因在于：第一，目前沪深两市跟踪沪深 300 指数的指数基金数量最多，为 41 只，占指数基金总数的 10.02%；基金规模为 826.62 亿元，占指数基金总规模的四成左右。第二，沪深 300 指数由沪深两市规模大、流动性好的 300 只股票组成，其样本股市值占沪深两市市值的 6 成左右，具有很好的市场代表性。

样本期限为 2006 年 1 月 1 日至 2016 年 6 月 30 日。选取的指标包括：两市的所有股票的日收盘价（后复权）、交易量、交易额以及所有的指数基金月度和季度资产净值规模。所有的数据均来自 Wind 数据库。考虑到研究需要，我们剔除 ST 或 PT 股票、交易月份不足 6 个月的股票，以及所有股票上市首日的观测值。

由于沪深 300 指数样本股每半年调整一次，样本股调整实施时间是每年 6 月和 12 月的第二个星期五收盘后的下一交易日。在计算上述风险指标时，本书根据中证公司发布的沪深 300 指数样本股的调整清单，对成份股进行调整后再计算风险指标。

7 ETF 发展与金融市场稳定

7.1 新型 ETF 产品的潜在风险

作为极具创新性和最为成功的交易所交易产品，近年来，全球 ETF 市场发展极其迅猛，市场规模不断膨胀，产品结构日趋复杂。虽然 ETF 不是 2010 年 5 月 6 日美国"闪电崩盘"事件的罪魁祸首，但日益复杂和膨胀的 ETF 市场对金融市场稳定性的影响受到了更多的监管关注。本节主要分析各种复杂的创新型 ETF 产品可能导致的系统性风险，并提出相应的监管应对策略。

7.1.1 杠杆和反向 ETF 的潜在风险

杠杆及反向 ETF 的投资标的一般包括现金、货币市场工具、基础证券、基于股票或股票指数的期货、期权及互换等，提供杠杆的主要方式是通过金融衍生品，其杠杆模式有单日杠杆、月度杠杆和存续期杠杆等三种基本类型。其中，追求单日标的指数收益率一定倍数的单日杠杆 ETF 是目前杠杆及反向 ETF 市场最为流行的一种杠杆方式。杠杆及反向 ETF 的投资管理基于严格的量化流程，通过一定数量、不同品种的证券来实现特定倍数的投资目标。基金管理公司往往依靠事先设计好的量化模型生成调仓订单以指导操作，目前主要有基于期货、基于互换合约的合成复制、纯结构化现金及 ETN 等四种管理模式。

杠杆及反向 ETF 的产品结构如图 7.1 所示。

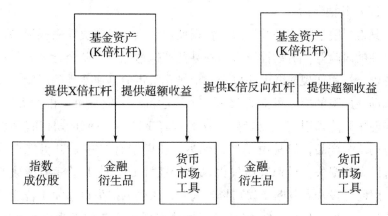

图 7.1 杠杆和反向 ETF 产品结构图

与传统 ETF 产品相比，杠杆及反向 ETF 为投资者提供了低成本的杠杆型投资工具。同时杠杆及反向 ETF 可以为投资者提供方便的风险对冲工具，受法规或投资策略限制而不能投资衍生工具的散户或机构可以使用反向 ETF 进行风险对冲；同时，杠杆和反向 ETF 也是高效的资产配置工具，投资者可以用较少的资金达到相同的资产配置效果。

杠杆及反向 ETF 是 ETF 产品线不断丰富的创新产品，对缺乏适合普遍投资者做空工具的中国市场来说意义非凡。但是，相应地，杠杆及反向 ETF 存在以下风险：

（1）实现风险

为了实现杠杆目标，杠杆 ETF 管理者一般都会在接近收盘的最后半个小时内完成每日头寸调整，因为此时临近收盘，收盘点位预测相对准确度更高。因此，极端的市场波动、相应的法律法规限制都可能使基金无法达成目标杠杆。对于互换，如果某日日内基准指数出现剧烈波动，互换协议中可能包含条款允许交易对手方立即终止互换。在这种情况下，ETF 可能无法立即找到另外的交易对手方签订新的互换合约或者使用其他衍生品实现目标杠杆。即使没有出现极端情况，由于基金头寸每日需要根据当日指数涨跌进行调整，很难非常精确地实现刚刚好的头寸，这也会导致每日业绩与目标发生偏差。

（2）其他风险

其他风险包括流动性风险、错误使用风险、投资决策失误风险、杠杆属性的风险等。流动性风险即在某些特殊情况下，基金管理者无法将所持资产快速变现或者无法以当时市场正常市值迅速变现的风险。而引发流动性风险的原因可能为政策、经济危机、突发危机、自然灾害等。错误使用风险指很多投资者始终认为杠杆 ETF 是一种长期持有并放大收益的基金产品，但是由于杠杆偏离，长期持有杠杆 ETF 可能造成投资者巨大的损失。投资决策失误风险指杠杆 ETF 放大了标的指数的收益，因此当投资者判断错误市场走向时，蒙受的损失也远大于普通的基金产品。另外，杠杆 ETF 的杠杆属性使得所有投资收益或者亏损均成倍数放大，风险较一般基金或者 ETF 产品要高出很多。如果对杠杆 ETF 产品的了解不充分，投资者很有可能出现严重亏损。

7.1.2 合成 ETF 的潜在风险

合成 ETF 并不实际持有相关资产，而是通过投资与基准指数汇报挂钩的金融衍生工具来拟合指数收益。合成 ETF 的投资通常采取非融资性互换（Unfunded Swap）、融资互换（Funded Swap）两种形式。总收益互换（Total Return Swap）是合成 ETF 最常用的追踪指数收益的衍生品。在非融资性互换 ETF 结构中，ETF 发行人创造 ETF 份额时从授权参与者或做市商手中获得的是现金而不是传统 ETF 结构中的一揽子股票，并利用这部分现金与另一金融中介达到总收益互换交易，以获得 ETF 标的资产的收益；与此同时，总收益互换的对手方将提供股票资产组合作为担保，但担保资产组合可以完全不同于 ETF 标的资产。在融资性互换 ETF 结构中，不同的是，抵押资产以三方协议形式存在而非真实出售。也就是说，ETF 发行人不是担保资产的直接受益所有人，而且通常要求超额担保 10%~20%，整个交易结构也更像一个信息或证券链接票据，并通过担保降低对手方风险。图 7.2 和 7.3 给出了传统 ETF 与非融资性互换 ETF 的产品结构图。

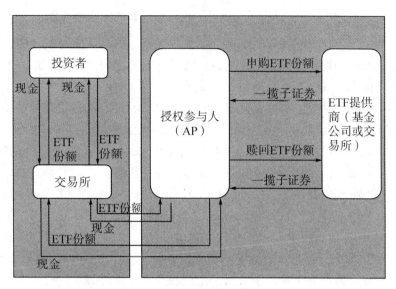

图 7.2　传统 ETF 产品结构图

资料来源：Foucher I, Gray K. Exchange-traded funds：evolution of benefits，vulnerabilities and risks [J]. Bank of Canada Financial System Review, 2014：37-46.

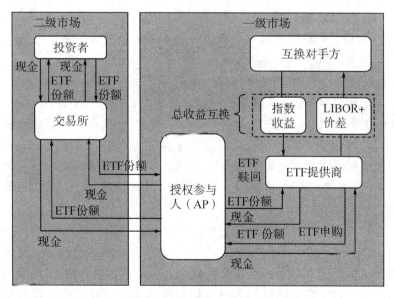

图 7.3　合成 ETF 产品结构图

资料来源：Foucher I, Gray K. Exchange-traded funds：evolution of benefits，vulnerabilities and risks [J]. Bank of Canada Financial System Review, 2014：37-46.

合成 ETF 进一步提高了 ETF 产品的灵活性、丰富程度和吸引力。传统结构下发行人将承担跟踪误差。尤其是在标的指数成份股较多，或标的资产流动性不够好等情况下，传统结构的复制成本较高，跟踪误差较大。而在合成结构下，通过互换交易，发行人将跟踪误差转嫁给互换对手方，正常情况下将能够确保投资者获得标的指数期间收益。然而合成 ETF 本质上都是一种抵押担保，违约风险无法避免。

首先，一旦对手方违约，互换合约将自动终止。当对手方违约时，ETF 发行人可能会与另一个金融中介再次签订互换合约。但是，如果新的互换不再提供担保时，ETF 发行人为了变现抵押物，只能买入标的证券或者关闭基金。不管是哪一种方式，这都将造成投资者的损失。选择多个对手方进行互换是一个分散风险的办法，欧洲大部分的合成 ETF 都执行 UCITS（Undertakings for Collective Investment in Transferable Securities）标准，在这个标准下，与一个交易对手方进行的互换头寸不得超过总头寸的 10%。

其次，在市场风险加大进而对手方风险显著提高的情况下，合成结构中担保设计蕴含的"道德风险"，将诱发机构投资者逃离 ETF 产品。与时同时，大量 ETF 赎回将迫使银行出售担保资产，同时做市商为维持 ETF 流动性也将加大赎回力度，这就将形成负反馈循环，进一步加大流动性压力和对手方风险。

目前全球 ETF 市场蓬勃发展，市场保持平稳运作、交投活跃。随着各类结构化 ETF 产品的推陈出新，ETF 市场已经出现了很大变化，风险属性大不相同，业务关联大大加强，结构性隐忧突显。因此需要重新评估和针对性管控 ETF 对金融体系稳定性的潜在影响。全球 ETF 市场过往的成功同样不是未来平稳运作的保障，不能替代对其新发展的密切跟踪和监管。若不加以重视和针对性监管，不排除隐患的出现和风险的发生。

对我国而言，目前我国 ETF 产品结构传统、简单，品种数目较少，资产规模有限，进一步发展壮大 ETF 市场是当前的主要任务。适度推进创新，重点解决制约行业发展的瓶颈，是当前加快 ETF 市场发展的重中之重。要在控制风险的前提下创造性地解决当前境内市场供给不足、需求过剩的基本局面。在进行 ETF 产品创新时，我们应该从以下三个方面着手推进：

第一，理性看待新型 ETF 产品。从全球市场经验看，金融衍生品具有重要的价格发现、对冲风险和提高市场流动性的功能。正是由于中国股指期货等衍生品发展的相对滞后，2015 年股市大幅波动期间，新加坡、美国推出的 A 股股指期货交易量大幅增加，韩国、美国、中国台湾等也在 2015 年股灾期间纷纷新设 A 股杠杆和反向 ETF 产品，这显示利用衍生品进行风险管理的需求始终是存在的。从各国杠杆和反向 ETF 的发展经验来看到，杠杆和反向 ETF 可以帮助市场建立更多的投资策略，是资本市场重要的组成部分。中国内地于 2013 年就有过推出杠杆和反向 ETF 的意向，但由于担心加剧市场波动等原因一直没有实质性的进展。目前，全球 ETF 正从 1.0 时代（被动策略投资）向 2.0 时代（主动策略投资）过渡，杠杆和反向 ETF 这几年在海外尤其是亚太市场日渐盛行。随着中国金融改革的不断深化和资本市场的日趋成熟，对杠杆和反向 ETF 产品的需求也将增加。中国内地应该广泛借鉴韩国、港台地区的相关经验，积极稳妥地推出杠杆和反向 ETF、合成 ETF 等新型 ETF 产品。

第二，加强金融市场基础设施建设。一是加强市场交易系统的建设，降低交易成本。由于新型 ETF 产品大量运用股指期货和互换等金融衍生工具，对产品研发、会计估值、风险管控和系统支持的要求也更高，因此要加强相关交易系统的网络建设，简化交易程序，降低交易成本。二是发挥专业指数公司的作用，形成合乎市场需求的指数设计。三是加强期权、期货等衍生品市场发展。杠杆和反向 ETF、合成 ETF 的成功往往与股指期货、股指期权的发达程度高度相关。培育发达的衍生品市场也是掌握股指定价权、增加市场流动性的手段。

第三，加强投资者教育和保护工作。杠杆和反向 ETF 以及合成 ETF 不同于其他产品，它相对适合短期投资，要求投资者有能力和意愿来定期监控其持仓，并理解这种 ETF 产品的运作机制。在正式推出相关 ETF 产品之前，应该充分做好产品的风险收益特征、所跟踪的标的指数、投资者适用性等方面的投资者教育工作，争取产品推出就能稳定运行。同时，多维度预防创新产品杠杆 ETF 风险的发生，使得市场基础配套与产品创新相辅相成、协同发展。

7.2　ETF 交易与金融市场脆弱性

7.2.1　引言

传统 ETF 产品（Physical ETF）采用复制的方式来实现和保障提供标的资产同期收益，一般被视为普通的证券产品（Plain-Vanilla Equity Products）。传统 ETF 一般跟踪本国的全市场指数或行业指数，潜在标的流动性较好。近几年，全球 ETF 产品在类型上不断丰富，各交易所不断推出跨国 ETF、跨境 ETF、商品 ETF 等。这些 ETF 为本国投资者进行全球化资产配置提供良好的投资渠道，深受市场追捧，这几年市场份额持续扩大。然而，这些 ETF 的共性在于其标的资产难于交易或流动性较差，如跨国 ETF 跟踪的标的指数都是外国股票指数，指数的成份股对于本国投资者而言，通常是无法交易的；一些商品 ETF，标的资产是商品实物，这个特性导致投机者不愿在标的现货市场交易；一些债券 ETF，标的资产在场外交易，流动性不高。即便标的资产可以交易，由于时差、地缘等因素影响，交易也是非同步的。随着这类型 ETF 市场规模的扩大，跨市场关联度越来越强，其对市场的影响如何？是放大了市场波动还是减缓了市场波动？其对市场的影响机制又是怎样的？对这些问题的回答有助于监管者更好地进行监管决策。目前我国 ETF 市场产品结构传统，品种数目较少，跨国、跨境 ETF 的数量少之又少，不存在引发市场风险的土壤，然而从全球化视角探讨基础资产流动性较差或难于交易的 ETF 对市场的影响，可以为我国 ETF 市场提供很好的启发和经验借鉴。

本书利用 Bhattacharya 和 O'Hara（2016）的理论模型探讨诸如跨国 ETF、跨境 ETF、商品 ETF 等基础资产无法交易或流动性不高的 ETF 与金融市场脆弱性之间的关联。金融脆弱性在不同的文献中具有不同的定义，本书借鉴 Bhattacharya 和 O'Hara（2016）的定义，从以下两个层面定义金融脆弱性：①市场不稳定性，指非基本面冲击所造成的传染效应；②羊群行为，指市场上所有的交易者脱离资产的基本面，在同一时间内使用同样的市场信息进行同一方向的交易。基于 Kyle（1985）的方法，我们拟建立一个 ETF 交易的基本模型，以探讨 ETF 与标的资产之间的相互学习和相互反馈机制，以及这种反馈机制对市场稳定的影响。

7.2.2　文献综述

Black（1986）指出，交易之所以会发生，就是由于市场上存在噪声交易者（Noise Traders）和信息交易者（Informed Traders）。信息交易者根据其获得的私有信息进行交易并获取收益，而噪声交易者则是基于他们自认为"好于不交易"的观点进行交易，最终的市场价格就由这两类交易者的交易行为共同决定。在早期，学者们对投资者交易行为的研究主要集中于股票市场，如 Hirshleifer 等（1994）、Barlevy 和 Veronesi（2003）、Veldkamp（2006）、Goldstein（2011）等。然而，在过去几十年，全球衍生品市场经历了快速发展，衍生品市场交易活跃度早已远远超过标的股票市场，在全球资本市场中扮演着越来越重要的角色。并且由于衍生品市场的种种特殊性质及与标的股票市场的天然联系，衍生品市场愈发成为信息交易者获取私有信息收益的首选对象。例如 Black（1975）指出，由于期权的高杠杆性，信息交易者为了追求更高的收益，他们更有可能优先选择期权市场进行交易而非股票。Subrahmanyam（1991）探讨了有策略流动性交易者（Discretionary Liquidity Traders）在指数衍生性产品和指数成份股市场同时交易时的最优策略选择，指出指数型衍生性金融商品较能迎合偏好进行组合投资的投资者，因为其逆向选择的成本远远低于单个股票。由于流动性交易者更偏好指数化产品，因此指数化产品的引入会降低个股的流动性。Gorton 和 Pennacchi（1993）也建立了一个类似的模型，得到类似的结果，即不拥有信息的交易者为了避免与信息交易者交易而引起损失，他们就会选择交易一揽子股票而不是单个股票。

然而本书的重点不是探讨投机者的最优交易策略选择，而是从噪声交易者和信息交易者的交易策略出发，探讨 ETF 与标的市场之间的跨市场信息传递如何造成市场的不稳定性。2010 年 5 月美国股市发生

"闪电崩盘"事件后，越来越多的学者开始关注不断壮大的 ETF 市场对市场稳定性的影响。Ben 等（2014）和 Krause 等（2014）认为，ETF 和一揽子股票的套利行为将 ETF 市场的流动性冲击传递到现货市场，从而使 ETF 交易增加了标的指数成份股的非基本面波动；更进一步地，Ben 等（2014）指出这种使成份股波动率增加的行为并不伴随着 ETF 价格发现能力的提高，这表明 ETF 交易增加了一揽子股票的噪声。Da 和 Shive（2013）发现，ETF 的套利行为将 ETF 市场的非基本面冲击传递到股票市场，从而造成了 ETF 所持有的一揽子股票收益率的联动。Israeli 等（2015）针对美国 ETF 市场的研究发现，ETF 持股比例的增加导致成份股的买卖价差增大、定价效率降低以及联动性增强。Glosten 等（2015）使用季度数据进行分析，发现对 ETF 持有比重的增加会提高小股票的信息效率。Malamud（2015）在假设投资者信息对称、交易是基于风险分担目的的条件下，建立了一个 ETF 交易的一般均衡模型，分析了 ETF 的申购赎回机制对市场的影响。模型结果表明：由于执行风险造成的有限套利会导致 ETF 价格的额外波动。Bhattacharya 和 O'Hara（2016）对基础资产不流动的 ETF 进行研究，考虑一个 ETF 和基础资产的短期交易策略，探讨 ETF 与标的市场之间的跨市场信息传递和资产价格的联动性，以及跨市场交易中，做市商学习行为对资产价格形成的影响。

7.2.3　ETF 交易的基本模型

Kyle（1985）假设市场上存在一名知情交易者、多名非知情交易者和一名做市商。知情交易者拥有资产真实价值的私人信息，而非知情交易者掌握的信息与资产真实价值无关，却误把噪声信息当作有用的交易信息。在初始阶段，不管知情交易者还是非知情交易者都会根据自身所拥有的信息对证券价值形成一定的判断，通常将这种判断称为先验信念。然后，一部分交易者会参与市场交易，并形成证券的初始价格，在交易过程中，交易者会观测到申报价量、成交价量等交易信息，并据此修正自己关于证券价值的先验信念，形成新的价值判断，通常将这种判断称为后验信念。此后，交易者会根据其后验信念再次参加交易，并形成新的证券价格。在上述过程中，知情交易者会采取各种策略掩藏其私人信息，而非知情交易者则通过观测交易信息推测知情交易者所拥有的信息。这一过程将不断重复下去，直到知情交易者所拥有的私人信息完全反映在证券价格中为止。此时，证券市场将达到一种均衡状态：所有交易者拥有同样的信息，证券的交易价格反映了其内在价值，并趋于稳定。

我们基于 Kyle（1985）的研究来建立 ETF 交易的基本模型。在现实世界中，如果 ETF 以及标的资产有充足的流动性而且交易同步，那么当 ETF 净值（一揽子股票的价格）与 ETF 价格出现偏差时，ETF 的做市商就可以套利。在风险中性世界中，假设做市商能够不断地对市场价格变化进行学习，那么 ETF 市场和标的资产市场的价格调整与现实世界是一致的。然而，当 ETF 的成份股流动不佳，或交易非同步时，这时套利不再方便或不可行，那么学习机制是两个市场价格调整的主动驱动因素。

（1）资产价值

假设某只 ETF 追踪的指数为 N 个资产的加权平均，加权权重为 $w_i(i = 1, 2\cdots N)$。资产 i 的价值可以表示为：

$$P_{i,3} = P_{i,0} + b_i\gamma + \varepsilon_i, \quad i = 1, 2\cdots N \tag{7.1}$$

其中 $P_{i,0}$ 是资产 i 的初始价值。$b_i\gamma + \varepsilon_i$ 是资产价值的冲击部分，分成两部分：系统性因子 γ 和特质因子 ε_i；b_i 是系统性因子载荷。假设 γ、$\varepsilon_i(i = 1, 2\cdots N)$ 独立同分布于均值为 0 的正态分布。不失一般性地，我们假设 $\mathrm{var}(\varepsilon_i) = \mathrm{var}(\varepsilon_j) = \mathrm{var}(\varepsilon)$，$\forall i, j \in \{1, 2\cdots N\}$，即假设特质因子是同方差的。

ETF 的价值是 N 个标的资产价值的加权平均，表示如下：

$$P_{e,3} = \sum_{i=1}^{N} w_i P_{i,0} + \sum_{i=1}^{N} w_i b_i \gamma + \sum_{i=1}^{N} w_i \varepsilon_i \tag{7.2}$$

其中 $P_{e,3}$ 是 ETF 的价值，w_i 是资产 i 的权重。

（2）市场交易者

假设所有的市场交易者都是风险中性的。N 个具有私有信息的投机者（Informed Speculators）只在 ETF 市场交易。每个投机者都拥有系统性因子和异质因子的私有信息，但是每个投机者拥有不同的异质因子信息。我们也假设每个标的资产市场上有一个信息投机者，每个投机者拥有各自市场上的异质因子信息。为简单计，我们假设 ETF 市场和标的市场的投机者的信息是无噪声的，也就是说这些投机者可以观测到系统性因子 γ 和特质因子 ε_i。

假设 ETF 市场上有一个做市商，标的市场有 N 个做市商。Kyle（1985）指出，竞争会导致做市商的利润趋于 0，因此他们会预期价值出清。按照 Kyle（1985）的模型，ETF 市场的做市商是流动性交易者，而标的市场的交易者是因为其他原因参与交易。市场 i 的流动性交易者的指令 $z_i \sim N(0, \text{var}(z_i))$，ETF 市场的流动性交易者的指令 $z_e \sim N(0, \text{var}(z_e))$。我们假设 $\text{var}(z_e) = \sum_{i=1}^{N} \text{var}(z_i)$，$\text{var}(z_i) = \text{var}(z_j) = \text{var}(z)$，$\forall i, j \in \{1, 2 \cdots N\}$。

（3）交易时间

假设有三个交易时间 $t = 1, 2, 3$。$t = 1$ 时，ETF 市场和标的市场的信息交易者根据他们所拥有的私有信息各自交易。$t = 2$ 时，标的市场的做市商根据 $t = 1$ 时的 ETF 价格更新标的资产的价格，而 ETF 的做市商根据 $t = 1$ 时的标的市场价格更新 ETF 的价格。$t = 3$ 时，ETF 和标的资产价格出清，交易如图 7.4 所示。

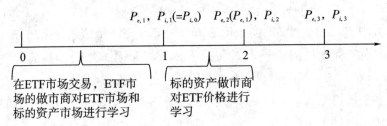

图 7.4　ETF 市场信息投机者交易时序图

ETF 市场的投机者的目标是选择一个最优的下单规模 x_{ei}，满足：

$$x_{ei} = \underset{x'_{ei}}{\text{argmax}}\,E\left(x'_{ei}\left(\sum_{j=1}^{N} w_j(\varepsilon_j + b_j\gamma) - P_{e,1}\right) \mid \varepsilon_i, \gamma\right) \qquad (7.3)$$

其中，$P_{e,1}$ 是 ETF 在 $t = 1$ 时的价格；同样地，标的市场 i 的投机者的目标是选择一个最优的下单规模 x_i，满足：

$$x_i = \underset{x'_i}{\text{argmax}}\,E\left(x'_i(\varepsilon_i + b_j\gamma - P_{i,1}) \mid \varepsilon_i, \gamma\right) \qquad (7.4)$$

ETF 市场总指令流记为 $q_e = x_e + z_e$；同样地，标的市场 i 的总指令流记为 $q_i = x_i + z_i$。

（4）学习与均衡

在图 7.4 中，当标的市场没有信息交易时，$P_{i,1} = P_{i,0}$。ETF 市场的做市商由于标的市场没有新的信息用于调整预期价格，因此 $P_{e,1} = P_{e,0}$。与其他研究一致，我们只考虑信息投机者的线性均衡策略，即每个市场参与者推测其他参与者的策略，在均衡时，所有的推测是一致的。

一个标的市场的做市商，当观察到 ETF 的价格变化时，其指令流为：$q_e = (P_{e,1} - P_{e,0})/\lambda_e$，其中 λ_e 是市场均衡时 ETF 市场的价格冲击因子。在贝叶斯框架下，这个做市商更新他的价格：

$$P_{i,2} = P_{i,1} + \lambda_{ei} w_i q_e = P_{i,1} + \frac{\text{cov}(\varepsilon_i + b_i\gamma, \; w_i q_e)}{\text{var}(w_i q_e)} w_i q_e \qquad (7.5)$$

其中，λ_{ei} 表示 ETF 对标的资产 i 的价格变化影响。

一个 ETF 市场的投机者在下单之前会考虑他自己和其他投机者交易对 ETF 市场的价格冲击。因此，ETF 市场的做市商的出清价格是所有 ETF 投机者的信息加总。反过来，这意味着标的资产 i 的做市商的指令流不仅仅是随机噪声，还与其他标的资产的系统性信息相关。换句话说，如果 $v_e w_j$ 和 θ_e 是一个 ETF 投机者在市场均衡时配置于异质因子和系统性因子的最优权重，那么，标的资产 i 的做市商的指令流为：

$$q_e = z_e + \sum_{j=1}^{N} (\nu_e w_j \varepsilon_j + \theta_e \lambda) \qquad (7.6)$$

将（7.6）代入（7.5），我们可得 ETF 价格调整对标的资产 i 的价格冲击：

$$P_{i,2} = P_{i,1} + \frac{v_\varepsilon w_i^2 \text{var}(\varepsilon_i) + N\theta_e w_i \text{var}(\gamma)}{w_i^2 v_\varepsilon^2 \sum_{j=1}^{N} w_j^2 \text{var}(\varepsilon_j) + w_i^2 N^2 \theta_\varepsilon^2 \text{var}(\gamma) + w_i^2 \text{var}(z_e)} [w_i z_e$$

$$+ w_i \sum_{j=1}^{N} (v_e w_j \varepsilon_j + \theta_e \gamma) \qquad (7.7)$$

对参数 v_e、θ_e、λ_e 和 λ_{ei} 进行求解，可得以下的性质：

性质 1 ETF 市场做市商的均衡价格为：

$$P_{e,1} = P_{e,0} + \lambda_e q_e \qquad (7.8)$$

标的市场 i 的做市商的均衡价格为：

$$P_{i,2} = P_{i,1} + \lambda_{ei} w_i (z_e + \sum_{j=1}^{N} x_{ej}) \qquad (7.9)$$

追踪市场 i 的 ETF 信息投机者的最优下单规模（Optimal Order Size）为：

$$x_{ei} = w_i v_e \varepsilon_i + \theta_e \gamma \tag{7.10}$$

其中，

$$v_e = \frac{1}{2\lambda_e}, \quad \theta_e = \frac{\sum_{j=1}^{N} w_j b_j}{(N+1)\lambda_e} \tag{7.11}$$

$$\lambda_e = \sqrt{\frac{(\sum_{j=1}^{N} \mathrm{var}(\varepsilon_j) w_j^2)/4 + \mathrm{var}(\gamma)(\sum_{j=1}^{N} b_j w_j)^2 N/(N+1)^2}{\mathrm{var}(z_e)}} \tag{7.12}$$

$$\lambda_{ei} = \frac{\lambda_e(N+1)\mathrm{var}(\varepsilon_i) + 2\lambda_e N b_i (\sum_{j=1}^{N} w_j b_j)\mathrm{var}(\gamma)/w_i}{(N+1)(\sum_{j=1}^{N} w_j^2 \mathrm{var}(\varepsilon_j)) + 2N(\sum_{j=1}^{N} b_j w_j)^2 \mathrm{var}(\gamma)} \tag{7.13}$$

从上式可以看出，v_e、θ_e 随着 N 的增大而增大，而 λ_e、λ_{ei} 随着 N 的增长而递减，这是因为投机者数量增加（N 变大）产生竞争，从而降低了做市商所面临的逆向选择。

性质 1 说明了以难于交易资产为标的的 ETF 会造成市场不稳定。这种影响通过价格影响因子 λ_{ei} 和订单流变量 q_e 进行传导。从式（7.13）可以看出，λ_{ei} 与标的资产的权重、异质因子方差、标的资产数量相关。

性质 2（市场不稳定性） 对资产 j 异质因子的一个冲击 η_j 会导致资产 i 价格的 ξ_j 的变化，其中，

$$\xi_j = \frac{w_i^2(N+1)\mathrm{var}(\varepsilon_i)/2 + w_i N b_i (\sum_{j=1}^{N} w_j b_j)\mathrm{var}(\gamma)}{(N+1)(\sum_{j=1}^{N} w_j^2 \mathrm{var}(\varepsilon_j)) + 2N(\sum_{j=1}^{N} b_j w_j)^2 \mathrm{var}(\gamma)} \tag{7.14}$$

性质 2 说明了 ETF 是如何影响整个市场的。式（7.14）说明了，与其他的金融工具不同（如开放式基金），ETF 将风险传导至整个市场，也就是说，ETF 使市场更加复杂。

性质 3 在其他条件不变的情况下，资产的贝塔值越大，对市场的影响就越大。

性质 4 在其他条件不变的情况下，资产的权重越大，对市场的影响就越大。

在 Kyle（1985）的经典框架下，一轮交易以后，做市商价值分布

的方差变化可以刻画价格的信息含量。Kyle（1985）证明了后验方差是先验方差的一半，这意味着，一轮交易以后，投机者的一半信息会被揭示出来。同样地，在我们的模型中，我们也证明了 ETF 订单流的信息降低了标的市场做市商的方差。

性质 5　标的市场做市商 i 对资产价值分布的先验方差为：

$$\frac{\sum_{j=1,j\neq i}^{N} w_j^2 \text{var}^2(\varepsilon_j) + \text{var}(\varepsilon_i)\text{var}(z_e) + (N^2\theta_e^2 + b_i^2 v_e^2 \sum_{j=1}^{N} w_j^2 - 2b_i w_i v_e \theta_e N)\text{var}(\varepsilon_i)\text{var}(\gamma) + b_i^2\text{var}(\gamma)\text{var}(z_e)}{w_i^2 v_e^2 \sum_{j=1}^{N} w_j^2\text{var}(\varepsilon_j) + w_i^2 N^2\theta_e^2\text{var}(\gamma) + w_i^2\text{var}(z_e)}$$

$$(7.15)$$

推论 1　标的市场做市商 i 对资产价值分布的后验方差低于先验方差。

推论 1 说明了做市商观察到 ETF 订单流以后，对资产价值的不确定性减少了。这意味着，投机者可以通过交易传递信息。在 Kyle（1985）经典模型中，说明证券的价格更靠近真实价值；当交易次数足够大时，证券的交易价格收敛于其内在价值。在我们的模型中，由于标的资产的数量很大，因此 Kyle（1985）的结论是成立的。根据大数定理，$\lim_{N\to\infty}$ $\frac{1}{N}\sum_{n=1}^{N}(z_e)_n = 0$。当交易次数足够多时，投机者的订单流就是流动性订单流，一揽子证券的价格收敛于真实价值。与 Kyle（1985）不同的是，投机者的订单流并不是同质的。不同的投机者拥有不同标的资产的信息，而总订单流是所有投机者信息的加总。不同于流动性交易的随机性，每一个投机者的订单流由于信息异质都存在一个系统性的偏差，这导致做市商无法准确地从 ETF 订单流中分辨出与他所交易资产相关的信息。因此，ETF 对市场的影响分成两部分：对于一揽子证券而言，信息是充分的；但是，单个证券的价格则持续性地偏离基本面价值。

（5）标的市场的投机者

接下来，我们分析 ETF 市场和标的市场的信息投机者。假设，每一个标的证券市场都有一个信息投机者，而 ETF 市场有 N 个信息投机者。图 7.5 给出了 ETF 市场和标的市场信息投机者的交易时序图。

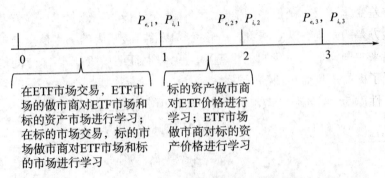

图 7.5 ETF 市场和标的市场信息投机者的交易时序图

虽然与 Froot 等（1992）的模型设定存在较大差异，但本节的部分结论与 Froot 等（1992）的羊群均衡结论类似。当 ETF 市场和标的市场同时存在信息投机者时，投机者可以在时点 2 通过短期交易策略来盈利。这是因为：一开始，做市商在各自市场出价，在下一个阶段，做市商观测到其他市场的价格信息，继而重新报价以反映新的信息。如果投机者能够准确预测其他市场的信息调整，那么做市商的价格调整就为投机者提供了平仓的机会。

如果投机者持有资产至时点 3，那么他们的最大化目标函数为式（7.3）和（7.4）。与性质 1 类似，我们可以很容易地求出长期最优交易策略，在公式（7.11）中令 $N = 1$：

$$v_i = \frac{1}{2\lambda_i}, \ \theta_i = \frac{b_i}{2\lambda_i}, \ \lambda_i = \frac{1}{2}\sqrt{\frac{\mathrm{var}(\varepsilon_i) + b_i^2\mathrm{var}(\gamma)}{\mathrm{var}(z_i)}} \qquad (7.16)$$

对于短期交易策略，投机者最大化以下目标函数：

$$x_k = \mathrm{argmax}\mathrm{E}(x_k(P_{k,2} - P_{k,1}) \mid F_k) \qquad (7.17)$$

其中 $k = \{e, 1, \cdots k\}$，F_k 是投机者的信息集，即相关的异质因子信号和系统因子信号。对于短期均衡，如果投机者在标的市场 i 的推测需求为 $\bar{v}_i(\varepsilon_i) + \bar{\theta}(\gamma)$，那么标的市场 i 的做市商在时点 1 的价格为：

$$P_{i,1} = \frac{\mathrm{cov}(\varepsilon_i + b_i\gamma, \ \bar{v}_i\varepsilon_i + \bar{\theta}\gamma + z_i)}{\mathrm{var}(\bar{v}_i\varepsilon_i + \bar{\theta}\gamma + z_i)}q_i$$

$$= \frac{\bar{v}_i\mathrm{var}(\varepsilon_i) + b_i\bar{\theta}\mathrm{var}(\gamma)}{\bar{v}_i^2\mathrm{var}(\varepsilon_i) + \bar{\theta}^2\mathrm{var}(\gamma) + \mathrm{var}(z)}q_i \qquad (7.18)$$

假设投机者在 ETF 市场的推测需求仍然为 $\bar{v}_i(\varepsilon_i) + \bar{\theta}(\gamma)$，那么 ETF 市场的做市商在时点 1 的价格为：

$$P_{e,1} = \frac{\text{cov}(\sum_{i=1}^{N} w_i(\varepsilon_i + b_i\gamma), \sum_{j=1}^{N}(\bar{v}_i\varepsilon_i + \bar{\theta}\gamma) + z_e)}{\text{var}(\sum_{j=1}^{N}(\bar{v}_i\varepsilon_i + \bar{\theta}\gamma) + z_e)} q_e$$

$$= \frac{\sum_{i=1}^{N} w_i(\bar{v}_i\text{var}(\varepsilon_i) + b_i\bar{\theta}\text{var}(\gamma))}{\sum_{j=1}^{N}(\bar{v}_i^2\text{var}(\varepsilon_i) + N^2\bar{\theta}\text{var}(\gamma) + \text{var}(z_e))} q_e \qquad (7.19)$$

在观测到本市场订单流的基础上，做市商 i 可以形成其他市场订单流的预期，计算如下：

$$E_i\left[q_e - \sum_{j=1, j\neq i}^{N} q_j \mid q_i\right] = \frac{\text{cov}(q_e - \sum_{j=1, j\neq i}^{N} q_j, q_i)}{\text{var}(q_i)} q_i$$

$$= \frac{\bar{v}_i^2\text{var}(\varepsilon_i) + \bar{\theta}^2\text{var}(\gamma)}{\text{var}(\bar{v}_i\varepsilon_i + \bar{\theta}\gamma) + \text{var}(z)} q_i \qquad (7.20)$$

同样地，ETF 市场的做市商对标的市场订单流的预期为：

$$E_e\left[\sum_{j=1}^{N} q_j \mid q_e\right] = \frac{\text{cov}(\sum_{j=1}^{N} q_j, q_e)}{\text{var}(q_e)} q_e$$

$$= \frac{\sum_{i=1}^{N} \bar{v}_i^2\text{var}(\varepsilon_i) + \bar{\theta}^2\text{var}(\gamma)}{\text{var}(\sum_{i=1}^{N} \bar{v}_i\varepsilon_i + N\bar{\theta}\gamma) + \text{var}(z_e)} q_e \qquad (7.21)$$

在时点 1 交易以后，做市商知道其他市场的价格变化，他们推测其他市场的实际订单流。将实际订单流与预期订单流进行对比，他们在时点 2 更新价格，公式如下：

$$P_{i,2} = P_{i,1} + \frac{\text{cov}(\varepsilon_i + b_i\gamma, q_e - \sum_{j\neq i}^{N} q_j)}{\text{var}(q_e - \sum_{j\neq i}^{N} q_j \mid q_i)}(q_e - \sum_{j=1, j\neq i}^{N} q_j - E[q_e -$$

$$\sum_{j=1, j\neq i}^{N} q_j \mid q_i]) \qquad (7.22)$$

化简得：

$$P_{i,2} = \frac{\bar{v}_i\text{var}(\varepsilon_i) + b_i\bar{\theta}\text{var}(\gamma)}{2\bar{v}_i^2\text{var}(\varepsilon_i) + 2\bar{\theta}^2\text{var}(\gamma) + \text{var}(z)}(q_i + q_e - \sum_{j=1, j\neq i}^{N} q_j)$$

$$\qquad (7.23)$$

同样地，ETF 市场做市商在时点 2 将价格更新如下：

$$P_{e,2} = P_{e,1} + \frac{\text{cov}(\sum_{j=1}^{N} w_j(\varepsilon_j + b_j\gamma), \sum_{j=1}^{N} z_j)}{\text{var}(\sum_{j=1}^{N} q_j \mid q_e)}(\sum_{j=1}^{N} q_j - \text{E}[\sum_{j=1}^{N} q_j \mid q_e])$$

$$(7.24)$$

化简得：

$$P_{e,2} = \frac{\sum_{j=1}^{N} w_j \bar{v}_j \text{var}(\varepsilon_j) + N\bar{\theta}(\sum_{j=1}^{N} w_j b_j)\text{var}(\gamma)}{\sum_{j=1}^{N} \bar{v}_j^2 \text{var}(\varepsilon_j) + N^2\bar{\theta}^2\text{var}(\gamma) + \text{var}(z_e)/2}(\frac{q_e + \sum_{j=1}^{N} q_j}{2})$$

$$(7.25)$$

将时点 1 和时点 2 的价格，代入投机者的目标函数（7.17），并求解方程，可得投机者最优短期交易的资产权重。

投机者会对比长期和短期交易策略的盈利。如果他们预期短期交易策略的盈利会更高，那么在时点 2 他们就会结清头寸，在资产最终价值实现之前离开市场。根据以上描述，实行短期交易策略时，所有的投机者利用同样的市场信息进行交易。Froot 等（1992）指出，在羊群行为均衡中，资产价格并不能反映基本面信息，而且通常福利效率低下。在我们的模型中，当投机者持有资产至时点 3 时，投机者会基于异质信息和市场信息进行权重配置。但是，当投机者在时点 2 结清头寸时，最优权重的选择却是偏离基本面价值的。

性质 6（羊群行为均衡） 若所有的投机者都使用短期交易策略，那么所有的投机者都将使用同样的市场信息来决定他们的订单规模。这个均衡的订单规模为 $\bar{\theta}\gamma$，其中 $\bar{\theta} = \sqrt{\text{var}(z)/\text{var}(\gamma)}$。均衡的做市商价格由式（7.18）、（7.19）、（7.23）、（7.25）给出。

对于投机者而言，当 ε_i 和 γ 满足式（7.26）时，短期预期盈利将高于长期预期盈利：

$$\frac{(\varepsilon_i + b_i\gamma)^2}{\gamma^2} \leq \frac{b_i}{3}\sqrt{\frac{\text{var}(\varepsilon_i) + b_i^2\text{var}(\gamma)}{\text{var}(\gamma)}}$$

$$(7.26)$$

性质 6 的动态价格形成过程与 Kyle（1985）的研究存在极大差异。在某种意义上说，羊群均衡中的投机者行为与凯恩斯选美竞赛选手行为类似。在我们的框架下，由于可以在 ETF 市场和标的市场之间进行学习，因此短期交易策略是盈利的。标的市场 i 的投机者提高系统性因子

的权重会对 *ETF* 在时点 2 的价格产生更强的效应（因为 ETF 做市商会学习标的市场的信息，进而更新信念），这又导致 ETF 投机者提高系统性因子的权重。一旦标的市场的做市商对 ETF 价格进行学习，市场 *j* 的投机者就会提高系统性因子的权重。这一过程不断地重复下去，直至证券市场达到一种均衡状态，此时所有投机者的异质信息的权重为 0。

7.2.4 结论与政策含义

目前全球香草型 ETF 即传统 ETF 发展态势良好、市场运作平稳、交投活跃，尚未出现重大危险事件，也没有被证实影响金融体系稳定的案例。在流动性良好的市场里，ETF 对标的市场的影响极小。在传统型 ETF 市场规模不断膨胀的同时，ETF 产品更多地向流动性差、透明度低的领域发展，一些基础资产极其不流动的 ETF 不断地被创造出来，市场规模不断扩大，这些 ETF 对金融市场潜在的影响在近期受到世界各国监管层的关注。

假设信息交易者可同时在 ETF 和标的资产市场上交易。由于基础资产不能交易或交易不同步，因此，ETF 的价格就为做市商进行标的资产报价提供了先验信息。但是，做市商在对 ETF 信息进行学习时，并不能区别哪些信息与标的资产相关，哪些信息与标的资产不相关。这就有可能造成一个与标的资产不相关的冲击通过 ETF 市场传导至其他资产，从而造成标的资产之间的联动性加强。

我们证明了 ETF 交易加快了标的资产价格向基本面价值收敛，但又造成了单个证券偏离了其基本价值。另外，当 ETF 市场做市商不能通过套利机制（有限套利）同步修正价格时，ETF 和标的市场的做市商会根据各自市场的订单流设定初始价格，再根据各自所观测到的其他市场价格信息进行修正。交错的信息使得市场投机者使用短期交易策略，而不是等到资产价格收敛到资产价值时才进行交易。当所有市场的投机者都使用相同的信息进行交易时，价格信息就可以预测，短期交易策略形成一个均衡，投机者出现羊群行为。相同的信息与系统性因子相关，原因在于系统性因子影响了所有的资产和所有的投机者。

本书的研究结论说明：非基本面的冲击会通过 ETF 进行传导。做市商通过 ETF 价格获取标的资产信息，这意味着标的资产市场和 ETF 市场信息都会影响标的资产的价格。也就是说，即使标的市场的基本面并没有发生变化，ETF 市场的波动也会传递至标的资产。另外，我们发现，ETF 会导致单个资产持续偏离其基本面；资产的贝塔系数越高、在 ETF 里的权重越大，这种偏离就越大。

本书的研究为监管者进行监管决策提供以下三点启发：第一，提高标的资产的信息透明度，从而降低市场之间的信息差异；第二，允许低贝塔系数的股票进入一揽子股票，从而降低噪声传递的可能性；第三，提高基础资产的流动性。

附录 7.1　性质 1、5、6 的证明

性质 1 的证明：

假设一个 ETF 市场的投机者，跟踪市场 i，猜想一个跟踪市场 j 的信息投机者的需求为 $x_{ej} = w_j \nu \varepsilon_j + \theta_e \gamma$，$\forall j \neq i$。令

$$E[P_{e,1}] = \lambda_e(x' + \gamma \theta(N-1))$$

$$x = \text{argmax}_{x'} x'(\varepsilon_i w_i + \gamma \sum_{j=1}^{N} w_j b_j) - x'(\lambda_e(x' + \gamma \theta(N-1)))$$

解得：

$$x = \frac{\varepsilon_i w_i + \gamma \sum_{j=1}^{N} w_j b_j}{2\lambda_e} - \frac{\theta(N-1)\gamma}{2}$$

$$\lambda_e = \frac{\text{cov}(\sum_{j=1}^{N} \varepsilon_i w_i + \gamma \sum_{j=1}^{N} w_j b_j, q_e)}{\text{var}(q_e)}$$

$$= \frac{v_e \sum_{j=1}^{N} w_i^2 \text{var}(\varepsilon_i) + \text{var}(\gamma) N \theta_e \sum_{j=1}^{N} w_j b_j}{v_e^2 \sum_{j=1}^{N} w_i^2 \text{var}(\varepsilon_i) + N^2 \theta_e^2 \text{var}(\gamma) + \text{var}(z_e)}$$

$$w_i(z_e + \sum_{j=1}^{N}(v_e w_j \varepsilon_j + \theta_e \gamma))$$

性质 5 的证明：

$$\text{var}(\varepsilon_i + b_i \gamma \mid P_{e,1} - P_{e,0}) = \text{var}(\varepsilon_i + b_i \gamma) -$$

$$\frac{\text{cov}^2(\varepsilon_i + b_i \gamma, w_i z_e + w_i \sum_{j=1}^{N}(v_e w_j \varepsilon_j + \theta_e \gamma))}{\text{var}(w_i z_e + w_i \sum_{j=1}^{N}(v_e w_j \varepsilon_j + \theta_e \gamma))}$$

因此,

$$\text{cov}^2(\varepsilon_i + b_i\gamma, \; w_i z_e + w_i \sum_{j=1}^{N}(v_e w_j \varepsilon_j + \theta_e\gamma))$$

$$= \text{E}_i\big[(\varepsilon_i + b_i\gamma)(w_i z_e + w_i \sum_{j=1}^{N}(v_e w_j \varepsilon_j + \theta_e\gamma))\big]$$

$$= \text{E}_i(w_i^2 v_e \varepsilon_i^2 + N\theta_e b_i w_i \gamma^2)$$

$$= w_i^2 v_e \text{var}(\varepsilon_i) + N\theta_e b_i w_i \text{var}(\gamma)$$

$$\text{var}(w_i z_e + w_i \sum_{j=1}^{N}(v_e w_j \varepsilon_j + \theta_e\gamma)) = w_i^2(\text{var}(z_e) + v_e^2 \sum_{j=1}^{N} w_j^2 \text{var}(\varepsilon_j)$$
$$+ N^2\theta_e^2 \text{var}(\gamma))$$

性质 6 的证明:

$$\lambda_{e,1} = \frac{\sum_{i=1}^{N} w_i(\bar{v}_i \text{var}(\varepsilon_i) + b_i\bar{\theta}\text{var}(\gamma))}{\sum_{i=1}^{N} \bar{v}_i^2 \text{var}(\varepsilon_i) + N^2\bar{\theta}^2 \text{var}(\gamma) + \text{var}(z_e)}$$

$$\lambda_{e,2} = \frac{\sum_{i=1}^{N} w_i\bar{v}_i \text{var}(\varepsilon_i) + N\bar{\theta}(\sum_{i=1}^{N} w_i b_i)\text{var}(\gamma)}{\sum_{i=1}^{N} \bar{v}_i^2 \text{var}(\varepsilon_i) + N^2\bar{\theta}^2 \text{var}(\gamma) + \text{var}(z_e)/2}$$

$$x = \text{argmax}_{x'} x'(\frac{\lambda_{e,2}}{2}(x' + \gamma(N-1)\bar{\theta} + \bar{v}_j\varepsilon_i + \gamma N\bar{\theta})) - x'(\lambda_{e,1}(x' +$$
$$(N-1)\bar{\theta}))$$

$$\bar{\theta}_\gamma = \frac{\bar{\theta}_\gamma((N-1)\lambda_{e,2} + \lambda_{e,2}/2 - (N-1)\lambda_{e,1})}{2\lambda_{e,1} - \lambda_{e,2}}$$

$$\bar{\theta} = \sqrt{\text{var}(z)/\text{var}(\gamma)}$$

$$\text{E}_{ei}[\pi_s] = \text{E}_{ei}[P_{e,2} - P_{e,1}]\frac{sd(z)}{sd(\gamma)}\gamma$$

$$\text{E}_{ei}[\pi_s] = \frac{\text{cov}(\sum_{i=1}^{N} w_i(\varepsilon_i + b_i\gamma), \sum_{j=1}^{N} z_j)}{\text{var}(\sum_{j=1}^{N} q_j \mid q_e)}(\sum_{j=1}^{N} q_j - \text{E}[\sum_{j=1}^{N} q_j \mid q_e])\frac{sd(z)}{sd(\gamma)}\gamma$$

$$= \frac{\bar{\theta}N(\sum_{i=1}^{N} b_i w_i)\text{var}(\gamma)}{2N^2\bar{\theta}^2 \text{var}(\gamma) + \text{var}(z_e)}N\bar{\theta}\gamma(\frac{\text{var}(\gamma)}{N^2\bar{\theta}^2 \text{var}(\gamma) + \text{var}(z_e)})\frac{sd(z)}{sd(\gamma)}\gamma$$

$$= \frac{sd(z)}{sd(\gamma)}\frac{N(\sum_{i=1}^{N} w_i b_i)}{(2N+1)(N+1)}\gamma^2$$

$$E_i[\pi_s] = E_i[P_{i,2} - P_{i,1}] \frac{sd(z)}{sd(\gamma)} \gamma$$

$$= \frac{cov(\varepsilon_i + b_i\gamma, q_e - \sum_{j \neq i} q_j)}{var(q_e - \sum_{j \neq i} q_j \mid q_i)} (q_e - \sum_{j \neq i} q_j - E[q_e - \sum_{j \neq i} q_j \mid q_i]) \frac{sd(z)}{sd(\gamma)} \gamma$$

$$= \frac{\bar{\theta} b_i var(\gamma)}{2\bar{\theta}^2 var(\gamma) + var(z)} \bar{\theta}\gamma (\frac{var(\gamma)}{N^2 \bar{\theta}^2 var(\gamma) + var(z_e)}) \frac{sd(z)}{sd(\gamma)} \gamma$$

$$= \frac{sd(z)}{sd(\gamma)} \frac{b_i}{6} \gamma^2$$

$$E_{ei}[\pi_l] = E_{ei}[P_{e,3} - P_{e,1}](\bar{v}_i \varepsilon_i + \bar{\theta}\gamma)$$

$$= (\varepsilon_i + \sum_{i=1}^{N} b_i\gamma - \lambda_{e,1}(\bar{v}_i \varepsilon_i + N\bar{\theta}\gamma))(\bar{v}_i \varepsilon_i + \bar{\theta}\gamma)$$

$$= (\frac{\varepsilon_i}{2} + \gamma(\sum_{i=1}^{N} b_i - \frac{N\sum_{i=1}^{N} b_i w_i}{N+1}))(\frac{\varepsilon_i}{2} + \frac{\sum_{i=1}^{N} b_i w_i}{N+1}\gamma) \frac{1}{\lambda_{e,1}}$$

$$E_i[\pi_l] = E_i[P_{i,3} - P_{i,1}](\bar{v}_i \varepsilon_i + \bar{\theta}\gamma)$$

$$= (\varepsilon_i + b_i\gamma - \lambda_{i,1}(\bar{v}_i \varepsilon_i + \bar{\theta}\gamma))(\bar{v}_i \varepsilon_i + \bar{\theta}\gamma)$$

$$= (\varepsilon_i + b_i\gamma)2 \frac{1}{4\lambda_{i,1}}$$

附录7.2 羊群行为的概率证明

$$-(\frac{b_i}{3})^{1/2}(\frac{\sigma_\varepsilon^2 + b_i^2 \sigma_\gamma^2}{\sigma_\gamma^2})^{1/4} - b_i \leq \frac{\varepsilon_i}{\gamma} \leq (\frac{b_i}{3})^{1/2}(\frac{\sigma_\varepsilon^2 + b_i^2 \sigma_\gamma^2}{\sigma_\gamma^2})^{1/4} - b_i$$

对 $-\infty < x < \infty$,

$$P[\frac{\varepsilon_i}{\gamma} \leq x] = E[P(\varepsilon_i \leq \gamma x \mid \gamma)1_{\gamma > 0} + P(\varepsilon_i \geq \gamma x \mid \gamma)1_{\gamma < 0}$$

$$= \int_0^\infty \Phi_\gamma(u) \int_{-\infty}^{ux} \Phi_\varepsilon(y) dy du + \int_{-\infty}^0 \Phi_\gamma(u) \int_{ux}^\infty \Phi_\varepsilon(y) dy du$$

因此,

$$\frac{d}{dx}\mathrm{P}\left[\frac{\varepsilon_i}{\gamma} \leqslant x\right] = \int_0^\infty \Phi_\gamma(u)u\Phi_\varepsilon(ux)du - \int_{-\infty}^0 \Phi_\gamma(u)u\Phi_\varepsilon(ux)du$$

$$= \frac{1}{\pi\sigma_\gamma\sigma_\varepsilon}\int_0^\infty e^{\frac{-u^2}{2}(\frac{1}{\sigma_\gamma^2}+\frac{x^2}{\sigma_\varepsilon^2})}du = \frac{\sigma_\varepsilon/\sigma_\gamma}{\pi(\sigma_\varepsilon^2/\sigma_\gamma^2 + x^2)}$$

令 $k_i = \left(\frac{b_i}{3}\right)^{1/2}\left(\frac{\sigma_\varepsilon^2 + b_i^2\sigma_\gamma^2}{\sigma_\gamma^2}\right)^{1/4}$，则从上述公式可得羊群行为的概率为：

$$\frac{\sigma_\varepsilon/\sigma_\gamma}{\pi}\int_{-k_i-b_i}^{k_i-b_i}\frac{1}{(\sigma_\varepsilon^2/\sigma_\gamma^2 + x^2)}dx = \frac{1}{\pi}(\tan^{-1}(\sigma_\varepsilon/\sigma_\gamma(k_i - b_i)) - $$
$$\tan^{-1}(\sigma_\varepsilon/\sigma_\gamma(k_i - b_i)))$$

对给定的 σ_ε、σ_γ 和 b_i，根据上式就可以算出羊群行为发生的概率。例如，当 $\sigma_\varepsilon^2 = 8b_i^2\sigma_\gamma^2$ 时，可算出羊群行为发生的概率为 $\tan^{-1}(\frac{1}{8b_i})$。

8 主要研究结论与展望

8.1 主要研究结论

本书分析了全球及我国 ETF 市场的发展现状，建立各种实证分析模型探讨我国 ETF 市场的市场功能，以及 ETF 交易对现货市场的影响；并对全球新型 ETF 产品发展所产生的系统性风险隐忧进行分析，建立理论模型分析基础资产不流动性的 ETF 产品对金融市场脆弱性的影响。本书的主要结论有：

（1）ETF 在全球创新性金融产品中最受瞩目，市场规模增长迅速，产品种类范围广泛。目前，全球 ETF 市场的地区集中度极高。美国在全球 ETF 市场一家独大，紧接其后是欧洲。全球 ETF 市场寡头垄断格局明显，标的指数集中度高。在传统型 ETF 市场规模不断膨胀的同时，全球 ETF 市场不断推陈出新，创新产品层出不穷，相继出现了杠杆和反向 ETF、合成 ETF、聪明贝塔 ETF 等，其中聪明贝塔 ETF 近年来独领风骚，2015 年更是红极一时。

（2）经过十余年来的发展，我国 ETF 市场已经渡过起步期进入快速发展时期，ETF 数量和资产总值快速增加，ETF 产品日益多样化，交易活跃程度也有了一定的进步。截至 2015 年 12 月，沪深两市共有 113 只 ETF，规模达 2 022 亿元，追踪的标的指数涵盖全市场股票指数、行业股票指数、债券指数、商品指数、境外股票指数等。ETF 已成为我国投资者进行指数投资的主要金融工具。但我国的 ETF 市场存在产品同质化严重和内生流动性不足等显著缺陷，未来我国应该进一步加大指数和 ETF 产品的创新；加强市场基础设施和强化风险控制；加大指数化投资宣传和投资者教育；拓展境外 ETF 产品创新，努力提升以 A 股为标的的 ETF 产品的国际竞争力。

（3）从净值延迟和套利速度两个维度对我国 ETF 的定价效率的实证结果表明：与美国市场相比，我国 ETF 市场净值延迟定价程度较高，套利速度较慢；我国 ETF 定价效率较低，股票型 ETF 的定价效率优于债券型 ETF。这与我国 ETF 市场流动性较差有较大关系。

（4）我国 ETF 市场经过多年的发展，ETF 市场与现货指数市场之间已形成了良好的互动关系。上证 50ETF、创业板 ETF、中小板 ETF 这三只 ETF 的价格和现货指数价格之间存在长期均衡关系和短期的双向引导关系；沪深 300ETF 在沪深 300ETF 与其指数的价格发现中起主导作用。除沪深 300ETF 外，其他三只 ETF 市场存在显著的杠杆效应，现货指数市场的新信息对 ETF 市场具有正向的冲击。沪深 300ETF 和创业板 ETF 对现货指数的波动具有显著影响。

（5）传统股票型指数基金与股票型 ETF 存在替代关系，股票型 ETF 净现金流的增长会降低传统股票型指数基金净现金流流入，反之亦然；但二者并非完美替代，ETF 并不能完全取代指数基金。

（6）ETF 的一级市场流动性与基金的净现金流流入正相关，一级市场流动性越好，基金净流入越大。ETF 二级市场收益率与基金净现金流流入负相关，ETF 表现越好，基金净现金流流入就越少。市场流动性短期内会对基金净现金流流入产生影响，中期基本没有影响，长期有一些影响。相比于个人投资者，一级市场流动性对机构投资者更为重要，而且一级市场流动性会影响机构投资者持有基金的比例，但 ETF 二级市场和成份股二级市场的流动性不会影响机构投资者持有比例。

（7）ETF 交易对成份股存在显著的波动溢出效应，但成份股对 ETF 的溢出效应强于 ETF 对成份股的溢出效应；ETF 对成份股的波动溢出指数具有明显的波动特征，但成份股对 ETF 的溢出指数比较稳定。ETF 与成份股双向的波动溢出在时间上具有较强的持续性，市值、ETF 与成份股的流动性差异是造成 ETF 向成份股波动溢出的原因，而折溢价率是造成成份股向 ETF 波动传导的原因。

（8）对指数化交易与现货市场的关联的分析结果表明，指数化产品规模增大与股票市场风险指标存在正相关关系。进一步针对 ETF 的分析表明，ETF 一级市场的申购赎回强度以及二级市场中的换手率均与成份股之间的相关系数正相关。实证结果表明，指数化交易虽然提高了成份股的活跃性，但同时也增加了现货市场的联动性，这在一定程度上降低了分散化投资的收益。

（9）ETF 与标的资产之间跨市场的信息传递理论模型结果表明：当标的资产难于交易时，信息交易者会优先选择在 ETF 市场交易。而标的资产市场的做市商通过观测 ETF 市场的价格，进而修正标的资产的价格。然而这种学习机制并不完美，做市商在利用相关信息的同时也利用了与标的资产价格无关的信息。这导致了非基本面冲击的传染效应，从而造成了市场不稳定。而且，如果做市商不能同时修正他们的价格，跨市场的学习行为会造成投机者的羊群行为，即所有的投机者使用同样的市场信息进行同一方向的交易。

8.2　展望

本书的研究具有很强的现实意义。本书认为，在可预见的未来，我国 ETF 市场规模会越来越大，ETF 产品种类会更加丰富，各类新型 ETF 产品如杠杆 ETF、聪明贝塔 ETF 推出的可能性极大，特别是绿色金融指数以及绿色金融指数化产品更是未来 ETF 市场发展的一大蓝海。而目前学界对我国 ETF 市场发展认识不足，相关的研究少之又少。本书从多个视角对我国 ETF 市场发展状况进行审视，对全球 ETF 市场以及我国 ETF 市场发展现状的分析，有利于投资者更全面地了解当前 ETF 市场的发展概况；本书对新型 ETF 产品如杠杆 ETF、合成 ETF 的风险的分析，以及对基础资产不流动的 ETF 产品的潜在系统性风险分析，可以为我国后续 ETF 产品的推出、监管提供经验借鉴和相关参考；本书对我国 ETF 市场发展功能的分析以及 ETF 交易对现货市场的影响等多个维度的分析，有利于投资者、监管者更好地认识 ETF 市场运行状况。但仍有许多值得进一步研究的问题。

第一，本书的实证研究都是从全市场层面、日度或月度数据对 ETF 市场效率、交易行为进行研究。然而，机构投资者和个人投资者的行为模式存在很大的差别，后续可利用更详细的账户级数据，对 ETF 市场机构投资者、个人投资者的行为模型进行研究，分析不同的投资者结构对 ETF 市场定价效率和市场发展的影响。

第二，未来可在本书大量数据分析的基础上，分析、构建不同的 ETF 套利模型，比较不同的套利机制之间的优劣性及其对市场的冲击效应。

第三，本书的研究侧重于 ETF 市场以及 ETF 与指数之间的关系，然而 ETF 与股指期货之间存在千丝万缕的关系，未来可以将指数期货、ETF、指数标的市场纳入统一的研究框架，对这三者之间的关系以及市场微观结构进行进一步的研究。

第四，目前 A 股衍生产品最为完备的上证 50 指数、上证 50ETF、上证 50 指数期货、50ETF 期权，这些 50 指数衍生产品的价格发现功能如何，信息传递效率如何，套保机制是怎样的，本书还没有展开分析。而对这些问题的分析，对我国未来进一步完善指数类衍生证券具有重要的指导意义。因此，未来可以重点对上证 50 指数的相关产品体系进行系统性的研究。

ETF 是指数化产品最为重要的一员，目前我国学者对它的研究还比较少，相关的指数化研究还是一个比较新的领域。对此领域研究的深入，可以帮助研究者更好地了解我国指数化产品市场的运行及功能的发挥，加强我国指数化产品市场的建设。本书对 ETF 市场的研究可以为我国指数化产品市场健康、有序的发展提供更多的理论基础和政策设计支持。

附录

附录1 中国上市 ETF 基本信息

基金类型	上市交易所	基金代码	基金名称	跟踪指数	基金管理公司	成立时间
		510020	博时上证超大 ETF	上证超级大盘指数（000043）	博时基金	2009-12-29
		510050	华夏上证 50 ETF	上证 50 指数（000016）	华夏基金	2004-12-01
		510130	易方达上证中盘 ETF	上证中盘指数（000044）	易方达基金	2010-03-29
		510180	华安上证 180ETF	上证 180 指数（000010）	华安基金	2006-04-13
		510210	富国上证综指 ETF	上证综合指数（000001）	富国基金	2011-01-30
规模 38	上交所 23	510220	华泰柏瑞中小 ETF	上证中小盘指数（000046）	华泰柏瑞基金	2011-01-26
		510210	富国上证综指 ETF	上证综合指数（000001）	富国基金	2011-01-30
		510220	华泰柏瑞中小 ETF	上证中小盘指数（000046）	华泰柏瑞基金	2011-01-26
		510290	南方上证 380 ETF	上证 380 指数（000009）	南方基金	2011-09-16
		510300	华泰柏瑞 300 ETF	沪深 300 指数（000300）	华泰柏瑞基金	2012-05-04
		510310	易方达沪深 300ETF	沪深 300 指数（000300）	易方达基金	2013-03-06

表（续）

基金类型	上市交易所	基金代码	基金名称	跟踪指数	基金管理公司	成立时间
规模 38	上交所 23	510330	华夏沪深 300 ETF	沪深 300 指数（000300）	华夏基金	2012-12-25
		510360	广发沪深 300 ETF	沪深 300 指数（000300）	广发基金	2015-08-30
		510500	中证 500 ETF	中证 500 指数（000905）	南方基金	2013-02-06
		510510	广发 500 ETF	中证 500 指数（000905）	广发基金	2013-04-11
		510520	诺安中证 500 ETF	中证 500 指数（000905）	诺安基金	2014-02-07
		510560	国寿中证 500 ETF	中证 500 指数（000905）	国寿安保基金	2015-05-29
		510580	易方达中证 500ETF	中证 500 指数（000905）	易方达基金	2015-08-27
		510680	万家上证 50 ETF	上证 50 指数（000016）	万家基金	2013-10-31
		510710	博时上证 50 ETF	上证 50 指数（000016）	博时基金	2015-05-27
		512100	南方中证 1000ETF	中证 1000 指数（000852）	南方基金	2016-09-29
		512500	华夏中证 500 ETF	中证 500 指数（000905）	华夏基金	2015-05-05
		512510	华泰柏瑞中证 500ETF	中证 500 指数（000905）	华泰柏瑞基金	2015-05-13
	深交所 15	159901	易方达深证 100ETF	深证 100 价格指数（399330）	易方达基金	2006-03-24
		159902	华夏中小板 ETF	中小企业板价格指数（399005）	华夏基金	2006-06-08
		159903	南方深成 ETF	深证成份指数（399001）	南方基金	2009-12-04
		159907	广发中小 300 ETF	中小板 300 价格指数（399008）	广发基金	2011-06-03
		159912	汇添富深 300 ETF	深证 300 指数（399007）	汇添富基金	2011-09-16
		159915	易方达创业板 ETF	创业板指数（399006）	易方达基金	2011-09-20

137

表（续）

基金类型	上市交易所	基金代码	基金名称	跟踪指数	基金管理公司	成立时间
规模 38	深交所 15	159918	嘉实中创 400 ETF	中创 400 指数（399624）	嘉实基金	2012-03-22
		159919	嘉实沪深 300 ETF	沪深 300 指数（000300）	嘉实基金	2012-05-07
		159922	嘉实中证 500 ETF	中证 500 指数（000905）	嘉实基金	2013-02-06
		159923	大成中证 100 ETF	中证 100 指数（000903）	大成基金	2013-02-07
		159925	南方沪深 300 ETF	沪深 300 指数（000300）	南方基金	2013-02-18
		159927	鹏华沪深 300 ETF	沪深 300 指数（000300）	鹏华基金	2013-07-19
		159935	景顺长城中证 500ETF	中证 500 指数（000905）	景顺长城基金	2013-12-26
		159942	华润元大中创 100ETF	中创 100 指数（399612）	华润元大基金	2016-05-25
		159943	大成深圳 ETF	深圳成指（399001）	大成基金	2015-06-05
行业 28	上交所 16	510630	华夏消费行业 ETF	上证主要消费行业指数（000036）	华夏基金	2013-03-28
		510650	华夏金融行业 ETF	上证金融地产行业指数（000038）	华夏基金	2013-03-28
		510660	华夏医药行业 ETF	上证医药卫生行业指数（000037）	华夏基金	2013-03-28
		512000	华宝兴业券商 ETF	中证全指证券公司指数（399975）	华宝兴业基金	2016-08-30
		512010	易方达沪深 300 医药 ETF	沪深 300 医药卫生指数（000913）	易方达基金	2013-09-23
		512120	华安中证细分医药 ETF	细分医药（000814）	华安基金	2013-12-04
		512210	景顺长城中证 800 食品饮料 ETF	800 食品（H30021）	景顺长城基金	2014-07-18
		512230	景顺长城中证医药卫生 ETF	中证医药（000933）	景顺长城基金	2014-07-18
		512300	南方中证 500 医药卫生 ETF	中证 500 医药卫生指数（H30255）	南方基金	2014-07-30

表（续）

基金类型	上市交易所	基金代码	基金名称	跟踪指数	基金管理公司	成立时间
行业28	上交所16	512310	南方中证500工业ETF	中证500工业指数（h30252）	南方基金	2015-04-08
		512330	南方中证500信息ETF	中证500信息技术指数（h30257）	南方基金	2015-06-29
		512340	南方中证500原料ETF	中证500材料指数（h30251）	南方基金	2015-04-16
		512600	嘉实中证主要消费ETF	中证消费（000932）	嘉实基金	2014-06-13
		512610	嘉实中证医药卫生ETF	中证医药（000933）	嘉实基金	2014-06-13
		512640	嘉实中证金融地产ETF	中证金融（000934）	嘉实基金	2014-06-20
		512880	国泰证券ETF	中证全指证券公司指数（399975）	国泰基金	2017-07-26
	深交所12	159928	汇添富中证主要消费ETF	中证主要消费指数（399932）	汇添富基金	2013-08-23
		159929	汇添富中证医药卫生ETF	中证医药卫生指数（399933）	汇添富基金	2013-08-23
		159930	汇添富中证能源ETF	中证能源指数（399928）	汇添富基金	2013-08-23
		159931	汇添富中证金融地产ETF	中证金融地产指数（399934）	汇添富基金	2013-08-23
		159933	国投瑞银金融地产ETF	沪深300金融地产指数（000914）	国投瑞银基金	2013-09-17
		159936	广发中证全指消费ETF	中证全指可选（000989）	广发基金	2014-06-03
		159938	广发中证医药卫生ETF	中证全指医药卫生指数（000991）	广发基金	2014-12-01
		159939	广发信息技术ETF	中证全指信息技术指数（000993）	广发基金	2014-12-15
		159940	广发全指金融ETF	中证全指金融地产指数（000992）	广发基金	2015-03-23
		159944	广发全指材料ETF	中证全指材料指数（000987）	广发基金	2015-06-25
		159945	广发全指能源ETF	中证全指能源指数（000986）	广发基金	2015-06-25
		159946	广发全指消费ETF	中证全指消费指数（000990）	广发基金	2015-07-01

表(续)

基金 类型	上市 交易所	基金代码	基金名称	跟踪指数	基金管理 公司	成立时间
主题 29	上交所 24	510010	交银施罗德治理	上证180公司治理指数(000021)	交银施罗德基金	2009-09-25
		510060	工银瑞信央企ETF	上证央企50指数(000042)	工银瑞信基金	2009-08-26
		510070	鹏华上证民营ETF	上证民营企业50指数(000049)	鹏华基金	2010-08-05
		510090	建信责任ETF	上证社会责任指数(000048)	建信基金	2010-05-28
		510110	海富通上证周期ETF	上证周期行业50指数(000063)	海富通基金	2010-09-19
		510120	海富通上证非周期ETF	上证非周期行业100指数(000064)	海富通基金	2011-04-22
		510150	招商上证消费ETF	上证消费80指数(000069)	招商基金	2010-12-09
		510160	南方小康ETF	中证南方小康产业指数(000901)	南方基金	2010-08-27
		510170	国联安上证商品ETF	上证大宗商品股票指数(000066)	国联安基金	2010-11-26
		510190	华安上证龙头ETF	上证龙头企业指数(000065)	华安基金	2010-11-18
		510230	国泰上证金融ETF	上证180金融股指数(000018)	国泰基金	2011-03-31
		510260	诺安上证新型ETF	上证新兴产业指数(000067)	诺安基金	2011-04-07
		510270	中银国企ETF	上证国有企业100指数(000056)	中银基金	2011-06-16
		510410	博时上证资源ETF	上证自然资源指数(000068)	博时基金	2012-04-10
		510440	大成500沪市ETF	中证500沪市指数(000802)	大成基金	2012-08-24
		510700	长盛百强ETF	上证市值百强指数(000155)	长盛基金	2013-04-24
		510810	汇添富上证国企ETF	上海国企指数(950096)	汇添富基金	2016-07-28
		510880	华泰柏瑞红利ETF	上证红利指数(000015)	华泰柏瑞基金	2006-11-17

表（续）

基金类型	上市交易所	基金代码	基金名称	跟踪指数	基金管理公司	成立时间
主题29	上交所24	512070	易方达300非银ETF	300非银（H30035）	易方达基金	2014-06-26
		512120	华安中证细分医药ETF	细分医药（000814）	华安基金	2013-12-04
		512220	景顺长城TMT ETF	TMT150（H30318）	景顺长城基金	2014-07-18
		512660	国泰军工ETF	中证军工指数（399967）	国泰基金	2016-07-26
		512680	广发中证军工ETF	中证军工指数（399967）	广发基金	2016-08-30
		512810	华宝军工行业ETF	中证军工指数（399967）	华宝兴业基金	2016-08-05
	深交所5	159905	工银瑞信深红利ETF	深证红利价格指数（399324）	工银瑞信基金	2010-11-05
		159906	大成深证成长40ETF	深证成长40价格指数（399326）	大成基金	2010-12-21
		159909	招商深证TMTETF	深证TMT50指数（399610）	招商基金	2011-06-27
		159911	鹏华证民营ETF	深证民营价格指数（399337）	鹏华基金	2011-09-02
		159932	大成中证500ETF	中证500指数（399905）	大成基金	2013-09-12
风格3	上交所2	510030	华宝兴业上证价值ETF	上证180价值指数（000029）	华宝兴业基金	2010-04-23
		510280	华宝兴业上证成长ETF	上证180成长指数（000028）	华宝兴业基金	2011-08-04
	深交所1	159913	交银施罗德深价值ETF	深证300价值价格指数（399348）	交银施罗德基金	2011-09-22
策略8	上交所2	510420	景顺长城180等权ETF	上证180等权重指数（000051）	景顺长城基金	2012-06-12
		510430	银华50等权重ETF	上证50等权重指数（000050）	银华基金	2012-08-23
	深交所6	159908	博时深基本面200ETF	深证基本面200指数（399703）	博时基金	2011-06-10
		159910	嘉实深基本面120ETF	深证基本面120指数（399702）	嘉实基金	2011-08-01

表（续）

基金类型	上市交易所	基金代码	基金名称	跟踪指数	基金管理公司	成立时间
策略8	深交所6	159916	建信深基本面60ETF	深证基本面60指数（399701）	建信基金	2011-09-08
		159921	诺安中小板等权重ETF	中小板等权重指数（399634）	诺安基金	2012-12-10
		159924	景顺300等权ETF	沪深300等权重指数（000984）	景顺长城基金	2013-05-07
		159926	华安创业板50ETF	创业板50指数（399673）	华安基金	2016-06-30
境外8	上交所6	510900	易方达恒生H股ETF	恒生中国企业指数	易方达基金	2012-08-09
		513600	南方恒生ETF	恒生指数	南方基金	2014-12-23
		513660	华夏沪港通恒生ETF	恒生指数	华夏基金	2014-12-23
		513100	国泰纳指100ETF	纳斯达克100指数	国泰基金	2013-04-25
		513500	博时标普500ETF	标普500指数	博时基金	2013-12-05
		513030	华安德国30ETF	德国DAX指数	华安基金	2014-08-08
	深交所2	159920	华夏恒生ETF	恒生指数	华夏基金	2012-08-09
		159941	广发纳指100ETF	纳斯达克100指数	广发基金	2015-06-10

附录 2　美国上市的中国 A 股 ETF 列表

代码	基金名称	基金发行人	跟踪标的	规模（美元）
FXI	iShares China Large-Cap ETF	BlackRock	Equity：China-Large Cap	39.6 亿
MCHI	iShares MSCI China ETF	BlackRock	Equity：China-Total Market	22.1 亿
GXC	SPDR S&P China ETF	State Street Global Advisors	Equity：China-Total Market	8.59 亿
ASHR	Deutsche X-trackers Harvest CSI 300 China A-Shares ETF	Deutsche Bank	Equity：China-Total Market	4.83 亿
KWEB	KraneShares CSI China Internet ETF	KraneShares	Equity：China Technology	2.65 亿
YINN	Direxion Daily FTSE China Bull 3X Shares	Direxion	Leveraged Equity：China-Large Cap	1.74 亿
PGJ	PowerShares Golden Dragon China Portfolio	Invesco PowerShares	Equity：China-Total Market	1.69 亿
HAO	Guggenheim China Small Cap ETF	Guggenheim	Equity：China-Small Cap	1.05 亿
CHAD	Direxion Daily CSI 300 China A Share Bear 1X Shares	Direxion	Inverse Equity：China-Total Market	8 726 万
CHIQ	Global X China Consumer ETF	Global X	Equity：China Consumer Cyclicals	7 620 万
PEK	VanEck Vectors ChinaAMC CSI 300 ETF	Van Eck	Equity：China-Total Market	6 737 万
CHAU	Direxion Daily CSI 300 China A Share Bull 2X Shares	Direxion	Leveraged Equity：China-Total Market	6 266 万
CQQQ	Guggenheim China Technology ETF	Guggenheim	Equity：China Technology	6 064 万

表（续）

代码	基金名称	基金发行人	跟踪标的	规模（美元）
YANG	Direxion Daily FTSE China Bear 3X Shares	Direxion	Inverse Equity：China-Large Cap	5 876 万
TAO	Guggenheim China Real Estate ETF	Guggenheim	Equity：China Real Estate	5 741 万
CYB	WisdomTree Chinese Yuan Fund	WisdomTree	Currency：Chinese Renminbi	4 884 万
FXP	ProShares UltraShort FTSE China 50	ProShares	Inverse Equity：China-Large Cap	4 683 万
XPP	ProShares Ultra FTSE China 50	ProShares	Leveraged Equity：China-Large Cap	4 651 万
DSUM	Powershares Chinese Yuan Dim Sum Bond Portfolio	Invesco PowerShares	Fixed Income：China-Broad Market Intermediate	4 492 万
CNXT	VanEck Vectors ChinaAMC SME-ChiNext ETF	Van Eck	Equity：China-Extended Market	3 415 万
KBA	KraneShares Bosera MSCI China A Share ETF	KraneShares	Equity：China-Total Market	3 010 万
CHIX	Global X China Financials ETF	Global X	Equity：China Financials	2 955 万
ASHS	Deutsche X-trackers Harvest CSI 500 China-A Shares Small Cap ETF	Deutsche Bank	Equity：China-Small Cap	2 756 万
YAO	Guggenheim China All-Cap ETF	Guggenheim	Equity：China-Total Market	2 488 万
ECNS	iShares MSCI China Small-Cap ETF	BlackRock	Equity：China-Small Cap	2 044 万
KCNY	KraneShares E Fund China Commercial Paper ETF	KraneShares	Fixed Income：China-Government/Credit Investment Grade Ultra-Short Term	1 508 万
QQQC	Global X NASDAQ China Technology ETF	Global X	Equity：China Technology	1 468 万

表(续)

代码	基金名称	基金发行人	跟踪标的	规模（美元）
CNY	Market Vectors Chinese Renminbi/USD ETN	Van Eck	Currency：Chinese Renminbi	1 090 万
YXI	ProShares Short FTSE China 50	ProShares	Inverse Equity：China−Large Cap	993 万
CNYA	iShares MSCI China A ETF	BlackRock	Equity：China−Total Market	905 万
CXSE	WisdomTree China ex−State−Owned Enterprises Fund	WisdomTree	Equity：China−Total Market	903 万
FXCH	CurrencyShares Chinese Renminbi Trust	Guggenheim	Currency：Chinese Renminbi	734 万
CBON	VanEck Vectors ChinaAMC China Bond ETF	Van Eck	Fixed Income：China−Government/Credit Investment Grade	712 万
AFTY	CSOP FTSE China A50 ETF	CSOP	Equity：China−Large Cap	607 万
CN	Deutsche X−trackers MSCI All China Equity ETF	Deutsche Bank	Equity：China−Total Market	473 万
FCA	First Trust China AlphaDEX Fund	First Trust	Equity：China−Total Market	416 万
CHII	Global X China Industrials ETF	Global X	Equity：China Industrials	387 万
KFYP	KraneShares Zacks New China ETF	KraneShares	Equity：China−Total Market	320 万
ASHX	Deutsche X−trackers CSI 300 China A−Shares Hedged Equity ETF	Deutsche Bank	Equity：China−Total Market	225 万
XINA	SPDR MSCI China A Shares IMI ETF	State Street Global Advisors	Equity：China−Total Market	215 万
CHIE	Global X China Energy ETF	Global X	Equity：China Energy	165 万
CHIM	Global X China Materials ETF	Global X	Equity：China Basic Materials	139 万

表(续)

代码	基金名称	基金发行人	跟踪标的	规模 (美元)
HAHA	CSOP China CSI 300 A-H Dynamic ETF	CSOP	Equity：China-Total Market	132万
CNHX	CSOP MSCI China A International Hedged ETF	CSOP	Equity：China-Total Market	132万

数据来源：www.etf.com 以及作者整理所得，截至 2016 年 9 月 30 日.

附录3　我国ETF主要业务规则

一、ETF申购赎回规定

2004年和2006年，沪、深交易所分别发布交易所交易型开放式指数基金业务实施细则，规范单一市场ETF，即投资标的只在沪、深交易所其中之一上市的ETF的一级市场申购、赎回和二级市场交易机制。随着市场的发展和投资者资产配置需求的升级，单市场ETF已经难以满足部分投资者的需求。为了配合跨市场ETF和跨境ETF的推出，沪、深交易所于2012年3月发布新版业务指南，对原有业务实施细则进行一定程度的修订。2016年4月28号深交所发布《深圳证券交易所证券投资基金交易和申购赎回实施细则（2016年修订）》，对原部分规则条款进行再次修订。

除债券交易型开放式基金、黄金交易型开放式基金、上市交易的货币市场基金、跨境交易型开放式基金以外，大多数ETF份额的二级市场交易与股票的交易方式完全相同：即T日买入份额在T+1日开盘后才可以卖出，T日不能卖出；T日卖出份额所得资金可用于其他场内证券的买入，但只有到T+1日开盘后才可以从资金账户中转出。2015年1月9号，上交所与深交所分别发布关于修改《上海证券交易所交易规则》和《深圳证券交易所交易规则》的通知，对债券交易型开放式基金、黄金交易型开放式基金、上市交易的货币市场基金、跨境交易型开放式基金自2015年1月19日开始实行当日回转交易，即"T+0"交易。

ETF一级市场申购赎回机制不同于其他开放式基金。ETF多采用实物申购赎回机制，即投资者根据基金管理人在开盘前发布的申赎清单用组合证券进行申购或赎回。在部分成份股因流动性不佳或停牌而无法从二级市场购入的情况下，可用现金替代。此外，由于现金头寸等其他形式资产的存在，ETF投资组合与一揽子成份股市值及现金替代部分存在少量差异，所以申赎清单除了组合证券和现金替代部分外，还包括少量的现金差额部分。

目前上海证券交易所对各类 ETF 的申购赎回规定①具体如下：

（一）单市场 ETF 和跨市场 ETF

（1）当日申购的基金份额，同日可以卖出，但不得赎回；其中，对标的指数为跨市场指数的交易所交易基金，当日申购且同日未卖出的基金份额，清算交收完成后方可卖出和赎回。

（2）当日买入的基金份额，同日可以赎回，但不得卖出。

（3）当日赎回的证券，同日可以卖出，但不得用于申购基金份额。

（4）当日买入的证券，同日可以用于申购基金份额，但不得卖出。

（二）跨境 ETF

（1）当日申购的基金份额，清算交收完成后方可卖出和赎回。

（2）当日买入的基金份额，同日可以赎回，但不得卖出。

（3）当日申购总额、赎回总额超出基金管理人设定限额的，超出额度的申购、赎回申报为无效申报。

（三）债券 ETF

采用现券申赎的单市场债券 ETF，应当遵守下列规定：

（1）当日申购的份额，当日可卖出或赎回。

（2）当日赎回的 ETF，份额实时记减，赎回获得的成份债券当日可卖出，也可用于当日的 ETF 申购。

（3）当日买入的 ETF 份额，当日可以卖出或赎回。

（四）黄金 ETF

（1）当日黄金现货合约申购的黄金 ETF 份额，当日可以卖出、现金赎回或黄金现货合约赎回。

（2）当日黄金现货合约赎回获得的黄金现货合约，当日可以用于黄金现货合约申购。

（3）当日现金申购的黄金 ETF 份额，当日清算交收完成后，可于次一交易日卖出、现金赎回或黄金现货合约赎回。

（4）当日买入的黄金 ETF 份额，当日可以现金赎回，但不可用于黄金现货合约赎回。

---

① 根据 2012 年上交所发布的《上海证券交易所交易型开放式指数基金业务实施细则》以及其后的相关规定整理而得。

目前深圳证券交易所对各类 ETF 的申购赎回规定①，具体如下：

（一）单市场 ETF

（1）当日竞价买入的 ETF 份额，当日可以赎回；当日大宗买入的 ETF 份额，次一交易日可以赎回。

（2）当日申购的 ETF 份额，当日可以竞价卖出，次一交易日可以赎回或者大宗卖出。

（3）当日赎回得到的股票，当日可以竞价卖出，次一交易日可以用于申购 ETF 份额或者大宗卖出。

（4）当日竞价买入的股票，当日可以用于申购 ETF 份额；当日大宗买入的股票，次一交易日可以用于申购 ETF 份额。

（二）跨市场 ETF 和跨境 ETF

以现金为对价申购赎回跨市场债券 ETF、跨市场股票 ETF 或者跨境 ETF 时，应当遵守下列规定：

（1）当日竞价买入的 ETF 份额，当日可以赎回；当日大宗买入的 ETF 份额，次一交易日可以赎回。

（2）当日申购的 ETF 份额，在交收前不得卖出或者赎回。

根据《上海证券交易所交易型开放式指数基金业务实施细则》第四十条，投资者进行交易或以组合证券为对价申赎跨市场股票 ETF 时，应当遵守下列规定：

（1）当日买入的 ETF 份额，次一交易日可以赎回。

（2）当日申购的 ETF 份额，在交收前不得卖出或者赎回。

以组合证券为对价申赎跨市场股票 ETF 时，应当遵守下列规定：

（1）当日买入的 ETF 份额，次一交易日可以赎回。

（2）当日申购的 ETF 份额，在交收前不得卖出或者赎回。

（三）债券 ETF

以组合证券为对价申赎单市场债券 ETF 时，应当遵守下列规定：

（1）当日竞价买入的 ETF 份额，当日可以赎回；当日大宗买入的 ETF 份额，次一交易日可以赎回。

（2）当日申购的 ETF 份额，当日可以赎回或者竞价卖出，次一交

---

① 根据 2016 年深交所发布《深圳证券交易所证券投资基金交易和申购赎回实施细则（2016 年修订）》整理所得。

易日可以大宗卖出。

（3）当日赎回得到的债券，当日可以用于申购 ETF 份额、竞价卖出或者申报作为质押券，次一交易日可以大宗卖出。

（4）当日竞价买入或者解除质押得到的债券，当日可以用于申购 ETF 份额；当日大宗买入的债券，次一交易日可以用于申购 ETF 份额。

以现金为对价申赎单市场债券 ETF、跨市场债券 ETF 时，应当遵守下列规定：

（1）当日竞价买入的 ETF 份额，当日可以赎回；当日大宗买入的 ETF 份额，次一交易日可以赎回。

（2）当日申购的 ETF 份额，在交收前不得卖出或者赎回。

（四）黄金 ETF

（1）当日买入的 ETF 份额，次一交易日可以赎回，但如果对应的结算参与人当日日终资金不足，次一交易日不得以上海黄金交易所黄金现货实盘合约（以下简称"现货合约"）为对价赎回。

（2）当日以现货合约为对价申购的 ETF 份额，当日可以赎回或者竞价卖出，次一交易日可以大宗卖出。

（3）当日以现金为对价申购的 ETF 份额，在交收前不得卖出或者赎回。

以现货合约为对价申赎黄金 ETF 通过上海黄金交易所办理，以现金为对价申赎黄金 ETF 通过本所办理。

（五）货币 ETF

（1）当日竞价买入的 ETF 份额，当日可以赎回；当日大宗买入的 ETF 份额，次一交易日可以赎回。

（2）当日申购的 ETF 份额，当日可以赎回或者竞价卖出，次一交易日可以大宗卖出。

二、ETF 融资融券业务实施细则

为了鼓励场内信用交易的发展，2011 年 11 月，沪、深证券交易所分别发布融资融券实施细则，首次将 ETF 纳入融资融券标的并明确提出两融标的要求。2015 年 7 月，沪、深证券交易再次发布融资融券交易实施细则，对 ETF 的两融标的要求进行部分修正。目前，沪、深交易所对 ETF 纳入两融标的要求完全相同，具体如下：

（1）上市交易超过 5 个交易日。

（2）最近 5 个交易日内的日平均资产规模不低于 5 亿元。

（3）基金持有户数不少于 2 000 户。

在计算可充抵保证金的证券的保证金金额时，沪、深证券交易所均要求交易型开放式指数基金折算率最高不超过 90%。另外，上海证券交易所规定：单只交易型开放式指数基金的融资监控指标达到 75% 时，本所可以在次一交易日暂停其融资买入，并向市场公布。该交易型开放式指数基金的融资监控指标降低至 70% 以下时，本所可以在次一交易日恢复其融资买入，并向市场公布。单只交易型开放式指数基金的融券余量达到其上市可流通量的 75% 时，本所可在次一交易日暂停其融券卖出，并向市场公布。该交易型开放式指数基金的融券余量降至 70% 以下时，本所可以在次一交易日恢复其融券卖出，并向市场公布。

参考文献

［1］蔡向辉. 全球 ETF 市场繁荣背后的系统性隐忧辨析［J］. 证券市场导报, 2012（3）: 4-13.

［2］陈春锋, 陈伟忠. 全球交易所交易基金市场的发展与创新［J］. 外国经济与管理, 2003, 25（8）: 33-38.

［3］陈代云, 须任荣. 证券交易所交易基金研究［J］. 外国经济与管理, 2002, 24（7）: 39-44.

［4］陈家伟, 田映华. 基于 ETFs 溢折价现象的投资风险分析［J］. 统计与决策, 2005（3）: 92-94.

［5］陈昕. ETF 市场实行做市商制度必要性的实证: 基于 WP 指标的检验［J］. 统计与决策, 2012（24）: 168-170.

［6］陈莹, 武志伟, 王杨. 沪深 300 指数衍生证券的多市场交易与价格发现［J］. 管理科学学报, 2014, 17（12）: 75-84.

［7］邓兴成, 李嫣, 葛慧. 全球 ETF 发展趋势和未来方向［J］. 证券市场导报, 2009（1）: 47-55.

［8］上海证券交易所. ETF 投资: 从入门到精通［M］. 上海: 上海远东出版社, 2014.

［9］付胜华, 檀向球, 杨丽霞. 上证 180 指数 ETF 套利研究［J］. 生产力研究, 2006（9）: 100-102.

［10］广发金工. 深度解析 Smart Beta 策略——Smart Beta 研究系列之一［EB/OL］.［2016-04-21］. http://chuansong.me/n/404468651680.

［11］郭彦峰, 肖倬. 中美黄金市场的价格发现和动态条件相关性研究［J］. 国际金融研究, 2009（11）: 75-83.

［12］郭彦峰, 魏宇, 黄登仕. ETF 上市对中小企业板市场质量影响

的研究［J］. 证券市场导报，2007（9）：17-22.

［13］黄华继，章苏婧. 我国证券市场中的 ETF 定价效率分析［J］. 投资研究，2009（10）：53-56.

［14］黄建兵，杨华. 上证 50ETF 及其对证券市场的影响［J］. 上海管理科学，2005，27（6）：62-64.

［15］黄晓坤，侯金鸣. 利用 ETF 类基金进行股指期货套利的方法研究［J］. 统计与决策，2009（18）：132-134.

［16］黄志华，余文，邵璐. ETF 在中国的发展现状及展望［J］. 西南金融，2013（2）：61-63.

［17］金德环，丁振华. 50ETF 与标的成份股的价格形成过程分析［J］. 证券市场导报，2005（12）：53-63.

［18］李凤羽. 投资者情绪能够解释 ETF 的折溢价吗？——来自 A 股市场的经验证据［J］. 金融研究，2014（2）：180-192.

［19］李裕强，陈展. 上证 50ETF 跟踪误差实证研究［J］. 中国市场，2007（5）：43-43.

［20］廖理，贾超锋. 中国资本市场引入交易所交易基金分析［J］. 管理世界，2003（6）：139-140.

［21］刘波，马馨蕎，贺镜宾，等. 投资者结构与 ETF 定价效率——基于账户级数据的实证研究［J］. 证券市场导报，2016（5）：53-61.

［22］刘俊，李媛. 交易所交易基金（ETF）在我国的前景分析［J］. 上海金融，2002（11）：37-40.

［23］刘岚，马超群. 中国股指期货市场期现套利及定价效率研究［J］. 管理科学学报，2013，16（3）：41-52.

［24］刘伟，陈敏，梁斌. 基于金融高频数据的 ETF 套利分析［J］. 中国管理科学，2009（2）：1-7.

［25］陆蓉，陈百助，徐龙炳，等. 基金业绩与投资者的选择——中国开放式基金赎回异常现象的研究［J］. 经济研究，2007（6）：39-50.

［26］期货日报. 境外杠杆及反向 ETF 发展迅猛［EB/OL］.［2016-05-31］. http://finance.sina.com.cn/money/future/fmnews/2016-05-31/doc-ifxsqyku0017794.shtml.

［27］期货日报. 全球 Smart Beta 策略的发展及应用［EB/OL］.［2016-10-12］. http://finance.sina.com.cn/money/future/fmnews/2016-

10-12/doc-ifxwviax9578525.shtml.

　　[28] 上海证券交易所—嘉实基金管理有限公司联合课题组. 主动型 ETF 研究 [EB/OL]. [2013-05-28]. http://www.etfjijin.com/Uploads/2013-05-28/51a45cd064237.pdf.

　　[29] 沈宏伟, 李丽珍. ETF 与其他金融产品的比较 [J]. 经济问题, 2004 (5): 60-61.

　　[30] 宋逢明, 王春燕. 上证 180 和深成指的指数效应研究 [J]. 证券市场导报, 2005 (6): 9-13.

　　[31] 宋威, 苏冬蔚. 风格投资与收益协同性——基于上证 180 指数调整的实证分析 [J]. 当代财经, 2007 (8): 50-54.

　　[32] 汤弦. 交易型开放式指数基金 (ETF) 产品设计问题研究 [J]. 金融研究, 2005 (2): 94-105.

　　[33] 田存志, 冯聪. ETF 标的指数成份股流动性与市场隐性交易成本的实证分析 [J]. 统计与决策, 2013 (2): 157-160.

　　[34] 王良, 冯涛. 中国 ETF 基金的价格发现问题 [J]. 系统工程理论与实践, 2010 (3): 396-407.

　　[35] 王良, 冯涛. 中国 ETF 基金价格 "已实现" 波动率、跟踪误差之间的 Granger 关系研究 [J]. 中国管理科学, 2012 (1): 59-70.

　　[36] 王擎, 吴玮, 蔡栋梁. 基金评级与资金流动: 基于中国开放式基金的经验研究 [J]. 金融研究, 2010 (9): 113-128.

　　[37] 贾云赞. 交易型开放式指数基金 (ETF) 的折溢价行为分析——基于深 100ETF 日度数据 [J]. 湖北行政学院学报, 2015 (3): 87-90.

　　[38] 肖倬, 郭彦峰. 中小板 ETF 的价格发现能力研究 [J]. 管理学报, 2010, 7 (1): 118-122.

　　[39] 谢赤, 朱建军, 周竟东. 基于 Copula 函数的 ETF 流动性风险与市场风险相依性分析 [J]. 管理科学, 2010 (5): 94-102.

　　[40] 杨枫, 张力健. 关于 "ETF 风险论" 的辨析 [J]. 证券市场导报, 2013 (1): 4-14.

　　[41] 杨墨竹. ETF 资金流, 市场收益与投资者情绪——来自 A 股市场的经验证据 [J]. 金融研究, 2013 (4): 156-169.

　　[42] 俞光明. 对冲套利交易策略研究 [J]. 财经问题研究, 2013

（5）：49-52.

［43］张健，方兆本. 基于 ETF 组合的股指期货套利［J］. 中国科学技术大学学报，2012，42（11）：908-912.

［44］张立，曾五一. 中国股指 ETF 市场、ETF 市场与股票市场波动时变的联动效应研究［J］. 经济统计学（季刊），2013（1）：145-154.

［45］张玲. ETFs 跟踪误差产生原因探讨［J］. 证券市场导报，2002（11）：44-49.

［46］张敏，徐坚. ETF 在股指期货期现套利的现货组合中的应用［J］. 技术经济与管理研究，2007（3）：31-32.

［47］张英奎，焦丽君，刘安国. 我国证券市场交易所交易基金实证研究［J］. 河北大学学报（哲学社会科学版），2013（3）：42-45.

［48］张峥，尚琼，程祎. 股票停牌、涨跌停与 ETF 定价效率——基于上证 50ETF 日度数据的实证研究［J］. 金融研究，2012（1）：167-180.

［49］张宗新，丁振华. 上证 50ETF 具有价格发现功能吗？［J］. 数量经济技术经济研究，2006，23（3）：141-149.

［50］赵永刚. Smart Beta：演进、挑战及未来方向［EB/OL］. ［2016-09-30］. http：//mp.weixin.qq.com.

［51］邹平，张文娟. 对上证 50 交易型开放式指数证券投资基金的实证研究［J］. 上海金融，2008（4）：60-64.

［52］朱卫，何凌云，陈甜甜，等. 指数调样对标的股票流动性及股东财富效应研究：来自上证 50 指数的证据［J］. 经济经纬，2013（2）：155-160.

［53］Aber J W，Li D，Can L. Price volatility and tracking ability of ETFs［J］. Journal of Asset Management，2009，10（4）：210-221.

［54］Abner D J. The ETF handbook：how to value and trade exchange traded funds［M］. New Jersey：John Wiley & Sons，2010.

［55］Ackert L F，Tian Y S. Arbitrage and valuation in the market for Standard and Poor's Depositary Receipts［J］. Financial Management，2000，29（8）：71-87.

［56］Ackert L F，Tian Y S. Arbitrage，liquidity，and the valuation of exchange traded funds［J］. Financial markets，Institutions & Instruments，

2008, 17 (5): 331-362.

[57] Agapova A. Conventional mutual index funds versus exchange-traded funds [J]. Journal of Financial Markets, 2011, 14 (2): 323-343.

[58] Aggarwal R, Schofield L. The growth of global etfs and regulatory challenges [J]. Advances in Financial Economics, 2014: 77-102.

[59] Alizadeh S, Brandt M W, Diebold F X. Range-based estimation of stochastic volatility models [J]. The Journal of Finance, 2002, 57 (3): 1047-1091.

[60] Arnott R D, Hsu J, Moore P. Fundamental indexation [J]. Financial Analysts Journal, 2005, 61 (2): 83-99.

[61] Avellaneda M, Zhang S. Path-dependence of leveraged ETF returns [J]. SIAM Journal on Financial Mathematics, 2010, 1 (1): 586-603.

[62] Barlevy G, Veronesi P. Rational panics and stock market crashes [J]. Journal of Economic Theory, 2003, 110 (2): 234-263.

[63] Ben-David I, Franzoni F, Moussawi R. Do ETFs increase volatility? [EB/OL]. [2014-07-17]. http://www.nber.org/papers/w20071.

[64] Beneish M D, Whaley R E. An anatomy of the "S&P Game": The effects of changing the rules [J]. The Journal of Finance, 1996, 51 (5): 1909-1930.

[65] Berk J B, Green R C. Mutual fund flows and performance in rational markets [J]. Journal of Political Economy, 2004, 3 (112): 1269-1295.

[66] Bertone S, Paeglis I, Ravi R. (How) has the market become more efficient? [J]. Journal of Banking & Finance, 2015, 54: 72-86.

[67] Biktimirov E N, Li B. Asymmetric stock price and liquidity responses to changes in the FTSE SmallCap index [J]. Review of Quantitative Finance and Accounting, 2014, 42 (1): 95-122.

[68] Bhattacharya A, O'Hara M. Can ETFs increase market fragility? effect of information linkages in ETF markets [EB/OL]. [2016-08-28]. https://papers.ssrn.com/sol3/papers.cfm? abstract_id=2740699.

[69] Black F. Capital market equilibrium with restricted borrowing [J]. The Journal of Business, 1972, 45 (3): 444-455.

［70］Black F. Fact and fantasy in the use of options［J］. Financial Analysts Journal, 1975, 31（4）: 36-41.

［71］Black F. Noise［J］. The journal of finance, 1986, 41（3）: 528-543.

［72］Blitz D, Huij J. Evaluating the performance of global emerging markets equity exchange-traded funds［J］. Emerging Markets Review, 2012, 13（2）: 149-158.

［73］Blume M E, Edelen R M. On replicating the S&P 500 index［EB/OL］.［2002-08-02］. https://papers.ssrn.com/sol3/papers.cfm? abstract_id=315545.

［74］Blume M E, Edelen R M. S&P 500 indexers, tracking error, and liquidity［J］. The Journal of Portfolio Management, 2004, 30（3）: 37-46.

［75］Bolla L, Kohler A, Wittig H. Index-linked investing—a curse for the stability of financial markets around the globe?［J］. The Journal of Portfolio Management, 2016, 42（3）: 26-43.

［76］Bradley H, Litan R E. Choking the recovery: Why new growth companies aren't going public and unrecognized risks of future market disruptions［EB/OL］.［2010-11-08］. https://papers.ssrn.com/sol3/papers.cfm? abstract_id=1706174.

［77］Broman M S. Liquidity, style investing and excess comovement of exchange-traded fund returns［J］. Journal of Financial Markets, 2016, 30（9）: 27-53.

［78］Brown S J, Goetzmann W N, Hiraki T, et al. Investor sentiment in Japanese and US daily mutual fund flows［EB/OL］.［2003-02-08］. http://www.nber.org/papers/w9470.

［79］Broman M S, Shum P M. Short-term trading and liquidity clienteles: evidence from exchange-traded funds［EB/OL］.［2016-10-27］. https://papers.ssrn.com/sol3/Papers.cfm? abstract_id=2361514.

［80］Canakgoz N A, Beasley J E. Mixed-integer programming approaches for index tracking and enhanced indexation［J］. European Journal of Operational Research, 2009, 196（1）: 384-399.

［81］Carhart M M. On persistence in mutual fund performance［J］. The

Journal of finance, 1997, 52 (1): 57-82.

[82] CFTC-SEC. Preliminary findings regarding the market events of May 6, 2010 [R/OL]. [2010-5-18]. http://www.cftc.gov/idc /opa-jointreport-sec-051810.pdf.

[83] CFTC-SEC. Findings regarding the market events of May 6, 2010 [R/OL]. [2010-9-18]. http://www.cftc.gov/idc /opa-jointreport-sec-051819.pdf.

[84] Chan K, Chan K C, Karolyi G A. Intraday Volatility in the Stock Index and Stock Index Futures Markets [J]. Review of Financial Studies, 1991, 4 (4): 657-684.

[85] Chan K, Kot H W, Tang G Y N. A comprehensive long-term analysis of S&P 500 index additions and deletions [J]. Journal of Banking & Finance, 2013, 37 (12): 4920-4930.

[86] Chan L, Lien D. Using high, low, open, and closing prices to estimate the effects of cash settlement on futures prices [J]. International Review of Financial Analysis, 2003, 12 (1): 35-47.

[87] Chang Y C, Hong H, Liskovich I. Regression discontinuity and the price effects of stock market indexing [J]. Review of Financial Studies, 2015, 28 (1): 212-246.

[88] Charupat N, Miu P. The pricing and performance of leveraged exchange-traded funds [J]. Journal of Banking & Finance, 2011, 35 (4): 966-977.

[89] Charupat N, Miu P. The pricing efficiency of leveraged exchange-traded funds: evidence from the US markets [J]. Journal of Financial Research, 2013, 36 (2): 253-278.

[90] Charupat N, Miu P. Recent developments in exchange-traded fund literature: pricing efficiency, tracking ability, and effects on underlying securities [J]. Managerial Finance, 2013, 39 (5): 427-443.

[91] Charupat N, Miu P. A New method to measure the performance of leveraged exchange-traded funds [J]. Financial Review, 2014, 49 (4): 735-763.

[92] Chelley-Steeley P, Park K. Intraday patterns in London listed ex-

change traded funds [J]. International review of financial analysis, 2011, 20 (5): 244-251.

[93] Cheng M, Madhavan A. The dynamics of leveraged and inverse exchange-traded funds [J]. Journal of Investment Management, 2009, 7 (4): 43-62.

[94] Chiu J, Chung H, Ho K Y, et al. Funding liquidity and equity liquidity in the subprime crisis period: evidence from the ETF market [J]. Journal of Banking & Finance, 2012, 36 (9): 2660-2671.

[95] Chow T, Hsu J, Kalesnik V, et al. A survey of alternative equity index strategies [J]. Financial Analysts Journal, 2011, 67 (5): 37-57.

[96] Chu P K K. Study on the tracking errors and their determinants: evidence from Hong Kong exchange traded funds [J]. Applied Financial Economics, 2011, 21 (5): 309-315.

[97] Clarke R, De Silva H, Thorley S. Minimum-variance portfolios in the US equity market [J]. Journal of Portfolio Management, 2006, 33 (1): 10-24.

[98] Clifford C P, Fulkerson J A, Jordan B D. What drives ETF flows? [J]. Financial Review, 2014, 49 (3): 619-642.

[99] Corielli F, Marcellino M. Factor based index tracking [J]. Journal of Banking & Finance, 2006, 30 (8): 2215-2233.

[100] Covrig V, Ding D K, Low B S. The contribution of a satellite market to price discovery: evidence from the singapore exchange [J]. Journal of Futures Markets, 2004, 24 (10): 981-1004.

[101] Curcio R J, Lipka J M, Thornton JR J H. Cubes and the individual investor [J]. Financial Services Review, 2004, 13 (2): 123-138.

[102] Da Z, Shive S. When the bellwether dances to noise: evidence from exchange-traded funds [EB/OL]. [2013-9-24]. https://papers.ssrn.com/sol3/papers.cfm? abstract_id=2158361.

[103] Delcoure N, Zhong M. On the premiums of iShares [J]. Journal of Empirical Finance, 2007, 14 (2): 168-195.

[104] Dellva W L. Exchange-traded funds not for everyone [J]. Journal of Financial Planning, 2001, 14 (4): 110-125.

[105] De Winne R, Gresse C, Platten I. Liquidity and risk sharing benefits from the introduction of an ETF [EB/OL]. [2012-6-09]. http://dial.uclouvain.be/pr/boreal/object/boreal:113736

[106] Deutsche Bank. ETF Annual Review & Outlook [EB/OL]. [2014 - 01 - 16]. http://www. fullertr - eactnibet. com/system/data/files/PDFs/2014/January/20th/ETFreoirt.pdf.

[107] Deutsche Bank. ETF Annual Review & Outlook [EB/OL]. [2015-01-26]. https://www. altii. de/media/modelfield_files/fondsportal/press-release/pdf/Deutsche_Bank_Research_ETF_Market_Review_2014_Outlook_2015.pdf.

[108] Deville L. Exchange traded funds: History, trading, and research [M]. New York: Springer US, 2008: 67-98.

[109] Diebold F X, Yilmaz K. Better to give than to receive: predictive directional measurement of volatility spillovers [J]. International Journal of Forecasting, 2012, 28 (1): 57-66.

[110] Driscoll J C, Kraay A C. Consistent covariance matrix estimation with spatially dependent panel data [J]. Review of Economics and Statistics, 1998, 80 (4): 549-560.

[111] Easley D, O'hara M. Price, trade size, and information in securities markets [J]. Journal of Financial economics, 1987, 19 (1): 69-90.

[112] Edelen R M. Investor flows and the assessed performance of open -end mutual funds [J]. Journal of Financial Economics, 1999, 53 (3): 439 -466.

[113] Elton E J, Gruber M J, Comer G, et al. Spiders: Where are the bugs? [J]. The Journal of Business, 2002, 75 (3): 453-472.

[114] Engle R. Dynamic conditional correlation: a simple class of multivariate generalized autoregressive conditional heteroskedasticity models [J]. Journal of Business & Economic Statistics, 2002, 20 (3): 339-350.

[115] Engle R F, Granger C W. Cointegration and error correction: representation, estimation, and testing [J]. Econometrica, 1987, 55 (2): 251-276.

[116] Engle R, Sarkar D. Premiums-discounts and exchange traded

funds [J]. Journal of Derivatives, 2006, 13 (4): 27-45.

[117] ETFGI. ETFGI Monthly Newsletter [EB/OL]. [2015-07-11]. http://d1xhgr640tdb4k. cloudfront. net/552fc41fd719adfe5d000051/1436613 461/etfgi_newsletter_global_201506.pdf.

[118] Financial Stability Board. Potential financial stability issues arising from recent trends in Exchange - Traded Funds (ETFs) [EB/OL]. [2011 - 04 - 12]. http://corpgov. net/wp - content/uploads/2011/06/FSB - ETFs-StabilityIssues.pdf.

[119] Foucher I, Gray K. Exchange-traded funds: evolution of benefits, vulnerabilities and risks [J]. Bank of Canada Financial System Review, 2014: 37-46.

[120] Frazzini A, Lamont O A. Dumb money: mutual fund flows and the cross-section of stock returns [J]. Journal of Financial Economics, 2008, 88 (2): 299-322.

[121] Fremault A. Stock index futures and index arbitrage in a rational expectations model [J]. Journal of Business, 1991: 523-547.

[122] Frino A, Gallagher D R, Neubert A S, et al. Index design and implications for index tracking [J]. The Journal of Portfolio Management, 2004, 30 (2): 89-95.

[123] Froot K A, Scharfstein D S, Stein J C. Herd on the street: informational inefficiencies in a market with short-term speculation [J]. The Journal of Finance, 1992, 47 (4): 1461-1484.

[124] Gallagher D R, Segara R. The performance and trading characteristics of exchange-traded funds [J]. Journal of Investment Strategy, 2006, 1 (2): 49-60.

[125] Garbade K D, Silber W L. Price movements and price discovery in futures and cash markets [J]. Review of Economics and Statistics, 1983, 65 (2): 289-297.

[126] Gastineau G L. Equity index funds have lost their way [J]. The Journal of Portfolio Management, 2002, 28 (2): 55-64.

[127] Gastineau G L. The benchmark index ETF performance problem [J]. The Journal of Portfolio Management, 2004, 30 (2): 96-103.

［128］Gastineau G L. The exchange-traded funds manual ［M］. New Jersey： John Wiley & Sons, 2010.

［129］Giese G. On the performance of leveraged and optimally leveraged investment funds ［EB/OL］. ［2010-04-18］. https://papers. ssrn. com/ sol3/papers.cfm? abstract_id=1510344.

［130］Goldstein I, Ozdenoren E, Yuan K. Learning and complementarities in speculative attacks ［J］. The Review of Economic Studies, 2011, 78 （1）： 263-292.

［131］Glosten L, Nallareddy S, Zou Y. ETF trading and informational efficiency of underlying securities ［EB/OL］. ［2015-10-18］. http://www. rhsmith. umd. edu/files/Documents/Departments/Finance/fall2015/glosten. pdf.

［132］Goetzmann W N, Ivković Z, Rouwenhorst K G. Day trading international mutual funds： evidence and policy solutions ［J］. Journal of Financial and Quantitative Analysis, 2001, 36 （3）： 287-309.

［133］Golub B, Novick B, Madhavan A, et al. Viewpoint： exchange traded products： overview, benefits and myths ［J］. BlackRock Investment Institute, 2013.

［134］Gorton G B, Pennacchi G G. Security baskets and index-linked securities ［J］. Journal of Business, 1993： 1-27.

［135］Grégoire V. Do mutual fund managers adjust NAV for stale prices? ［EB/OL］. ［2010-4-18］. https://papers. ssrn. com/sol3/papers. cfm? abstract_id=1928321.

［136］Haigh M S. Cointegration, unbiased expectations, and forecasting in the BIFFEX freight futures market ［J］. Journal of Futures Markets, 2000, 20 （6）： 545-571.

［137］Hamm S J W. The effect of ETFs on stock liquidity ［EB/OL］. ［2014-04-23］. https://papers. ssrn. com/sol3/papers. cfm? abstract_id= 1687914.

［138］Harper J T, Madura J, Schnusenberg O. Performance comparison between exchange-traded funds and closed-end country funds ［J］. Journal of International Financial Markets, Institutions and Money, 2006, 16 （2）： 104

-122.

［139］Hasbrouck J. Intraday price formation in US equity index markets
［J］. The Journal of Finance, 2003, 58 (6): 2375-2400.

［140］Haugh M B. A note on constant proportion trading strategies ［J］.
Operations Research Letters, 2011, 39 (3): 172-179.

［141］Hegde S P, McDermott J B. The market liquidity of DIAMONDS,
Q's, and their underlying stocks ［J］. Journal of Banking & Finance, 2004,
28 (5): 1043-1067.

［142］Hendershott T, Madhavan A. Click or call? auction versus search
in the over-the-counter market ［J］. The Journal of Finance, 2015, 70
(1): 419-447.

［143］Hirshleifer D, Subrahmanyam A, Titman S. Security analysis and
trading patterns when some investors receive information before others ［J］.
The Journal of Finance, 1994, 49 (5): 1665-1698.

［144］Huang M. Liquidity shocks and equilibrium liquidity premia ［J］.
Journal of Economic Theory, 2003, 109 (1): 104-129.

［145］Huang J C, Guedj I. Are ETFs replacing index mutual funds?
［EB/OL］. ［2009-03-15］. https://papers.ssrn.com/sol3/papers.cfm? ab-
stract_id=1108728.

［146］Hughen J C. How effective is arbitrage of foreign stocks? the case
of the Malaysia exchange-traded fund ［J］. Multinational Business Review,
2003, 11 (2): 17-28.

［147］Israeli D, Lee C, Sridharan S A. Is there a dark side to exchange
traded funds (ETFs)? an information perspective ［EB/OL］. ［2015-09-
01］. https://papers.ssrn.com/sol3/papers.cfm? abstract_id=2625975.

［148］Jarrow R A. Understanding the risk of leveraged ETFs ［J］. Fi-
nance Research Letters, 2010, 7 (3): 135-139.

［149］Johnson W F. Tracking errors of exchange traded funds ［J］.
Journal of Asset Management, 2009, 10 (4): 253-262.

［150］Kacperczyk M, Sialm C, Zheng L. On the industry concentration
of actively managed equity mutual funds ［J］. The Journal of Finance, 2005,
60 (4): 1983-2011.

［151］Kadapakkam P R, Krause T, Tse Y. Exchange traded funds, size-based portfolios, and market efficiency ［J］. Review of Quantitative Finance and Accounting, 2015, 45 (1): 89-110.

［152］Kamara A, Lou X, Sadka R. The divergence of liquidity commonality in the cross-section of stocks ［J］. Journal of Financial Economics, 2008, 89 (3): 444-466.

［153］Kamara A, Lou X, Sadka R. Has the US stock market become more vulnerable over time? ［J］. Financial Analysts Journal, 2010, 66 (1): 41-52.

［154］Keim D B. An analysis of mutual fund design: the case of investing in small–cap stocks ［J］. Journal of Financial Economics, 1999, 51 (2): 173-194.

［155］Kirilenko A A, Kyle A S, Samadi M, et al. The flash crash: The impact of high frequency trading on an electronic market ［EB/OL］. ［2015-07-08］. https://papers.ssrn.com/sol3/papers.cfm? abstract_id=1686004.

［156］Koop G, Pesaran M H, Potter S M. Impulse response analysis in nonlinear multivariate models ［J］. Journal of econometrics, 1996, 74 (1): 119-147.

［157］Kostovetsky L. Index mutual funds and exchange–traded funds ［J］. Journal of Portfolio Management, 2003, 29: 480-92.

［158］Krause T, Ehsani S, Lien D. Exchange–traded funds, liquidity and volatility ［J］. Applied Financial Economics, 2014, 24 (24): 1617-1630.

［159］Krause T A, Lien D. Implied volatility dynamics among exchange–traded funds and their largest component stocks ［J］. The Journal of Derivatives, 2014, 22 (1): 7-26.

［160］Kyle A S. Continuous auctions and insider trading ［J］. Econometrica: Journal of the Econometric Society, 1985: 1315-1335.

［161］Lauricella T, Pulliam S, Gullapalli D. Are ETFs driving late-day turns? leveraged vehicles seen magnifying other bets; last-hour volume surge ［J］. Wall Street Journal, 2008, 15.

［162］Lee C, Shleifer A, Thaler R H. Investor sentiment and the closed

-end fund puzzle [J]. The Journal of Finance, 1991, 46 (1): 75-109.

[163] Lin C C, Chan S J, Hsu H. Pricing efficiency of exchange traded funds in Taiwan [J]. Journal of Asset Management, 2006, 7 (1): 60-68.

[164] Lin A, Chou A. The tracking error and premium/discount of Taiwan's first exchange traded fund [J]. Web Journal of Chinese Management Review, 2006, 9 (3): 1-21.

[165] Lo A W, Mamaysky H, Wang J. Asset prices and trading volume under fixed transactions costs [J]. Journal of Political Economy, 2004, 112 (5): 1054-1090.

[166] Lu L, Wang J, Zhang G. Long term performance of leveraged ETFs [EB/OL]. [2009-08-01]. https://papers.ssrn.com/sol3/papers.cfm? abstract_id=1344133.

[167] Lynch A W, Tan S. Explaining the magnitude of liquidity premia: the roles of return predictability, wealth shocks, and state-dependent transaction costs [J]. The Journal of Finance, 2011, 66 (4): 1329-1368.

[168] Madhavan A. Exchange-traded funds, market structure, and the flash crash [J]. Financial Analysts Journal, 2012, 68 (4): 20-35.

[169] Madhavan A. Exchange-traded funds: an overview of institutions, trading, and impacts [J]. Annual Review of Financial Economics, 2014, 6 (1): 311-341.

[170] Madura J, Richie N. Overreaction of exchange-traded funds during the bubble of 1998—2002 [J]. The Journal of Behavioral Finance, 2004, 5 (2): 91-104.

[171] Madhavan A, Sobczyk A. Price dynamics and liquidity of exchange-traded funds [EB/OL]. [2014-04-17]. https://papers.ssrn.com/sol3/papers.cfm? abstract_id=2429509.

[172] Malamud S. A dynamic equilibrium model of ETFs [J]. Swiss Finance Institute Research Paper, 2015: 15-37.

[173] Martinez V, Tse Y, Kittiakarasakun J. Volatility, trade size, and order imbalance in China and Japan exchange traded funds [J]. Journal of Economics and Finance, 2013, 37 (2): 293-307.

[174] Mazza D B. Do ETFs increase correlations? [J]. The Journal of

Index Investing, 2012, 3 (1): 45-51.

[175] Meinhardt C, Mueller S, Schoene S. Physical and synthetic exchange-traded funds: the good, the bad, or the ugly? [J]. The Journal of Investing, 2014, 24 (2): 35-44.

[176] Morillo D S, Da Conceicao N R, Hamrick J L, et al. Index futures: do they deliver efficient beta? [J]. The Journal of Index Investing, 3 (2): 76-80.

[177] Parkinson M. The extreme value method for estimating the variance of the rate of return [J]. Journal of Business, 1980: 61-65.

[178] Perold A F. Fundamentally flawed indexing [J]. Financial Analysts Journal, 2007, 63 (6): 31-37.

[179] Pesaran H H, Shin Y. Generalized impulse response analysis in linear multivariate models [J]. Economics letters, 1998, 58 (1): 17-29.

[180] Petajisto A. Inefficiencies in the pricing of exchange-traded funds [J]. Available at SSRN 2000336, 2013.

[181] Pollet J M, Wilson M. How does size affect mutual fund behavior? [J]. The Journal of Finance, 2008, 63 (6): 2941-2969.

[182] Pope P F, Yadav P K. Discovering errors in tracking error [J]. The Journal of Portfolio Management, 1994, 20 (2): 27-32.

[183] Poterba J M, Shoven J B. Exchange-traded funds: a new investment option for taxable investors [J]. American Economic Review, 2002, 92 (2): 422-427.

[184] Poterba J M, Summers L H. Mean reversion in stock prices: evidence and implications [J]. Journal of Financial Economics, 1988, 22 (1), 27-59.

[185] Prasanna K. Performance of exchange-traded funds in india [J]. International Journal of Business and Management, 2012, 7 (23): 122-143.

[186] Qadan M, Yagil J. On the dynamics of tracking indices by exchange traded funds in the presence of high volatility [J]. Managerial Finance, 2012, 38 (9): 804-832.

[187] Ramaswamy S. Market structures and systemic risks of exchange-traded funds [J]. Social Science Electronic Publishing, 2011, 19 (24):

1925-1945.

[188] Richie N, Madura J. Impact of the QQQ on liquidity and risk of the underlying stocks [J]. The Quarterly Review of Economics and Finance, 2007, 47 (3): 411-421.

[189] Roll R. A mean/variance analysis of tracking error [J]. The Journal of Portfolio Management, 1992, 18 (4): 13-22.

[190] Rompotis G G. An empirical comparing investigation on exchange traded funds and index funds performance [J]. Available at SSRN 903110, 2005.

[191] Rompotis G G. Evaluating the performance and the trading characteristics of iShares [J]. Available at SSRN 946732, 2007.

[192] Rompotis G G. A survey on leveraged and inverse exchange-traded funds [J]. The Journal of Index Investing, 2012, 2 (4): 84-95.

[193] Shin S, Soydemir G. Exchange-traded funds, persistence in tracking errors and information dissemination [J]. Journal of Multinational Financial Management, 2010, 20 (4): 214-234.

[194] Shum P, Hejazi W, Haryanto E, et al. Intraday share price volatility and leveraged ETF rebalancing [J]. Review of Finance, 2015.

[195] Shum W C, Kan A C N, Chen T. Does warrant trading matter in tracking errors of China-focused exchange-traded funds? [J]. Chinese Economy, 2014, 47 (1): 53-66.

[196] Shum P M, Kang J. Leveraged and inverse ETF performance during the financial crisis [J]. Managerial Finance, 2013, 39 (5): 476-508.

[197] Sirri E R, Tufano P. Costly search and mutual fund flows [J]. The Journal of Finance, 1998, 53 (5): 1589-1622.

[198] Stoll H R, Whaley R E. The dynamics of stock index and stock index futures returns [J]. Journal of Financial and Quantitative Analysis, 1990, 25 (4): 441-468.

[199] Stratmann T, Welborn J W. Exchange-traded funds, fails-to-deliver, and market volatility [EB/OL]. [2012-11-30]. https://papers.ssrn.com/sol3/papers.cfm? abstract_id=2183251.

[200] Subrahmanyam A. A theory of trading in stock index futures [J].

Review of Financial Studies, 1991, 4 (1): 17-51.

[201] Sullivan R N, Xiong J X. How index trading increases market vulnerability [J]. Financial Analysts Journal, 2012, 68 (2): 70-84.

[202] Svetina M. Exchange traded funds: Performance and competition [J]. Journal of Applied Finance, 2010, 20 (2): 130-145.

[203] Trainor W J. Do leveraged ETFs increase volatility [J]. Technology and Investment, 2010, 1 (3): 215-220.

[204] Tse Y. Price discovery and volatility spillovers in the DJIA index and futures markets [J]. Journal of Futures Markets, 1999, 19 (8): 911-930.

[205] Tse Y, Martinez V. Price discovery and informational efficiency of international iShares funds [J]. Global Finance Journal, 2007, 18 (1): 1-15.

[206] Tse Y, So R W. Price discovery in the Hang Seng index markets: index, futures, and the tracker fund [J]. Journal of Futures Markets, 2004, 24 (9): 887-907.

[207] Tuzun T. Are leveraged and inverse ETFs the new portfolio insurers? [EB/OL]. [2014-05-28]. https://papers.ssrn.com/sol3/papers.cfm?abstract_id=2190708.

[208] Wang Z. Market efficiency of leveraged ETFs [EB/OL]. [2009-11-30]. http://olympiainv. com/Memos/ETFs.pdf.

[209] William J. Do leveraged ETFs increase volatility [J]. Technology and Investment, 2010, 4 (1): 215-220.

[210] Wimbish W. Serious health warnings needed for some ETFs [J]. Financial Times, 2013.

[211] Wurgler J. On the economic consequences of index-linked investing [EB/OL]. [2010-09-28]. http://www.nber.org/papers/w16376.

[212] Wurgler J. Challenges to business in the twenty-first century: the way forward [J]. Bulletin of the American Academy of Arts and Sciences, 2010 (2): 226-244.

[213] Van Ness B F, Van Ness R A, Warr R S. The impact of the introduction of index securities on the underlying stocks: the case of the Dia-

monds and the Dow 30 [J]. Advances in Quantitative Analysis of Finance and Accounting, 2005 (2): 105–128.

[214] Veldkamp L L. Media frenzies in markets for financial information [J]. The American economic review, 2006, 96 (3): 577–601.

[215] Xu L, Yin X. Does ETF trading affect the efficiency of the underlying index? [EB/OL]. [2015–03–01]. https://papers.ssrn.com/sol3/papers.cfm? abstract_id=2645273.

[216] Yan A. Leasing and debt financing: substitutes or complements? [J]. Journal of Financial and Quantitative Analysis, 2006, 41 (3): 709–731.

[217] Yang J, Bessler D A, Leatham D J. Asset storability and price discovery in commodity futures markets: a new look [J]. Journal of Futures Markets, 2001, 21 (3): 279–300.

[218] Yu L. Basket securities, price formation, and informational efficiency [EB/OL]. [2005–03–25]. https://papers.ssrn.com/sol3/papers.cfm? abstract_id=862604.

[219] Zhang F. High-frequency trading, stock volatility, and price discovery [EB/OL]. [2010–12–01]. https://papers.ssrn.com/sol3/Papers.cfm? abstract_id=1691679.

[220] Zhong M, Darrat A F, Otero R. Price discovery and volatility spillovers in index futures markets: some evidence from Mexico [J]. Journal of Banking and Finance, 2004, 28 (12): 3037–3054.

[221] Zweig J. Will leveraged ETFs put cracks in market close [J]. The Wall Street Journal, 2009, 18.